新・子どもの虐待

る力が侵されるとき

森田ゆり

表紙イラスト＝恩田和幸

岩波ブックレット No. 625

1　心の手当てをする

恐れが伝染しやすいように
勇気もまた伝染する

アリス・ミラー

この本は一九九五年に出版した、『子どもの虐待――その権利が侵されるとき』(ブックレットNo. 385)をほぼ全面的に新しく書き下ろしたものです。約一〇年を経て、新版を出さなければならないほどに子どもの虐待をめぐる日本社会の対応は変わりました。虐待問題への人々の関心は高くなり、新聞やテレビで頻繁に報道されるようになりました。取り組みが進んだために、通告件数も増大し、児童相談所が扱った虐待ケースの数も九五年の二七二二件から一〇年後には約一〇倍になり、二〇二〇年代に入ると、二〇万件を超すようになりました。二〇〇〇年には児童虐待防止法が制定され、さらに二〇〇四年や二〇一九年に大幅な改正が加えられ、日本における子どもの虐待問題への対応が大きく前進した二十余年でした。

にもかかわらず、虐待を受けている子どもたちの小さな叫びをいちはやくキャッチして、取り返しのつかなくなる前に、被害を最小限に食い止める制度や方法においては、残念ながらあまり大きな変化が起きたとはいえないのです。きょうもまた、「なぜもっと早くに対処できなかったのか」と嘆く事件が報道されています。

＊　＊　＊

誰にも言えない子どもたち

虐待を受けている子どもに共通する特徴のひとつは、そのことを誰にも言えないでいるということです。虐待体験が子どものその後の人格形成にきわめて深刻な影響を及ぼすのは「誰にも言えない」現実に由来しています。乳幼児にとどまらず、年齢の大きな子どもたち、中学生、高校生もまた「誰にも言えない」でいます。虐待されていることを誰かに相談することは容易なことではありません。虐待がもたらす恐怖感は被害者を無力化します。虐待を受けているとは思っていない子どもも多くいます。

しかし彼らの多くが口を開かない最大の理由は、子どもの訴えに耳を傾け、真剣に受け止めて援助しようとする大人が周囲にあまりに少ないからです。

「あの礼儀正しい父親から性的虐待を受けていたなんて、信じられない。子どもの思い違いでしょう」「虐待されているのかもしれないけれど、子どもの言葉だけでは動けないので、今度起きたら訪問します」などの弁明の下で、大人は子どもの助けを求めるかすかな声を無視しています。非行、徘徊《はいかい》、家出、援助交際、不登校などの子どもの行動は、親や教師による虐待、友人やその他の身近な者からの暴力を背景にしていることもあります。

このブックレットは、虐待問題の専門家であるなしにかかわらず誰でもが子どもの虐待防止のためにできることを具体的に、実践的に示したガイドです。教師であり、保育士であり、福祉士であり、保健師であり、医者であり、民生・児童委員であり、親であり、祖父母であり、近所に住む大人である、あなた。ごく日常的な子どもとの関係のなかであなたが虐待やいじめを受けている子どものためにできることがあるのです。それは決して、ただ行政機関に虐待を通報するだけのことではありません。もっとたくさんできることがあります。それをこのブックレットから見つけて、そして実行してください。

あなたにもできる心の手当て

道端で子どもが大けがをしていたら、たまたま通りかかった人でも、血を止める、傷口を水で洗うなどの手当てをし、必要があれば救急車を呼ぶでしょう。なるべく早くにほどこされたちょっとしたこの手当てがその後の回復を左右するほど重要であることはいうまでもありません。

虐待やいじめやその他の暴力を受けた子どもは、身体の外傷の大小にかかわらず、大きな心の傷を負っています。身体の傷と同じように、心の傷もなるべく早くに手当てがほどこされることで軽症にとどめることができます。しかし心の傷は目に見えないために、気づかずに放置されていることが大半です。

「手当て」という日本語には深い叡智《えいち》が込められています。たとえ消毒液がなくとも、最新の特効薬がなくとも、手を当ててもらうことで、傷ついた子どもの身体の回復は大きく促進されます。それはきっと手に込められた人間の優しさと、心配りと、自分を大切に扱ってくれるその心と気が、子どもの内の自己治癒力を発揮させてくれるからなのでしょう。

虐待や暴力を受けた子どもには心の手当てが不可欠です。手当てをしないで放置しておくと取り返しのつかない深い傷になってさまざまな問題が発生します。小さな子どもがころんだとき、わたしたちは「ちちんぷいぷい」「いたい　いたいは　むこうのお山に　とんでいけー」といった言葉をかけながら手当てをしますが、このおまじないの言葉かけは実は大切な心の手当てです。子どもの恐怖や不安や痛みに「こわいね」「いたいね」と共感し、「もうだいじょうぶだよ」と希望を持たせてあげることで、子どもが本来持つ自己治癒力を活性化しているのです。

手当ての具体的な方法は「聴く」ことです。何があったのか事実関係を「尋ねる」のではなく、うわのそらで「聞く」のではなく、あなたの耳と心を持って、相手の「十四」の心を聴くことです。これは本来のこの漢字の由来ではないのですが、「聴く」という漢字はそう書いてあるように見えませんか。相手のさまざまに乱れ、相反する、人に語ってもわかってはもらえないと思っている「十四」もの異なった気持ちを、助言をするのでもなく、分析をするでもなく、安易に同情、同感するでもなくただ「そうなんだ」「それはつらいよね」と共感しつつ聴く方法です。

被害を受けている子どもたちは、そのような聴き方をしてくれそうな人にしか、虐待されていることを話しません。

暴力の被害を受けた子どもたちに「聴く」という心の手当てをする。決してむずかしいことではありません。人の痛みと恐怖に共感する心と、安易に同情しない姿勢と、子どもの持つ回復力への信頼と、ほんのちょっとの勇気とがあれば、誰でもができるはずです。「10　虐待されている子に出会ったら」ではその具体的な方法を説明します。

「聴く」ことは大人から子どもへの最大の贈り物です。

心の手当てのできる大人が五〇〇万人、一〇〇〇万人と日本中に増えたなら、「誰にも言えない」子どもたちの環境が変わります。わたしたち大人の一人一人が、子どもが「言える誰か」という環境になること、それが虐待防止の最も効果的な方法だとわたしは確信しています。

虐待は最近急増しているのか？

子どもの虐待は決して新しい社会現象ではありません。それは泥棒や殺人と同じく長い歴史を持つ人間の行為です。「子どもの虐待が最近急増している」という言い方は正確ではありません。取り組みが進んだために、「子どもの虐待の報告件数が最近急増している」と言う必要があります。

五〇年前も一〇〇年前も子どもたちは虐待されていました。児童労働で酷使された子どもたち、しつけと称してお灸《きゅう》をすえられ、やけどを負ったり、むちや棒で打たれた子どもたち、家父長制度の中で家長や兄などから公然と性的虐待を受けていた実の娘や、使用人の娘や子守の少女たち。そんな子どもたちがいったいどのくらいの数でいたのかを数値で知るすべはありません。虐待という言葉も概念もなかった時代に、発生件数の報告などありませんでした。虐待の形態は時代の変遷の中で変わったものもありますが、変わらないものもあります。いつの時代も身近な大人からの暴力など不適切な対応で苦しむ子どもたちはおびただしい数で存在していたのです。

日本の児童相談所が虐待の相談件数を報告するようになったのは、一九九〇年からです。そのころからマス・メディアでも取り上げられ始め、社会問題として認識されるようになりました。二〇〇〇年には児童虐待の防止等に関する法律が施行となり、その後何度も改正される中で、二〇〇四年には子どもの前での夫婦間暴力が心理的虐待の定義に加わり、二〇二〇年には体罰の禁止条項も入りました。

通告を促す制度対応にも充実が図られ、全国の児童相談所が虐待相談として対応した件数は毎年増加し、二〇二一年度は二〇万七六五九件でした。その内訳は、心理的虐待が六〇・一%、身体的虐待が二三・七%、ネグレクトが一五・一%、性的虐待が一・一%(以上厚生労働省発表)。対応件数が二〇一四年ごろから急激に増えた背景には、全国の警察が対応した夫婦間暴力で子どもがいる場合は子どもへの心理的虐待として児童相談所に通告するようになったことが大きな要因となっています。一方、性的虐待の対応件数が極端に少ない状況は、今後の法改正によって大きく変化することが予想されます。

子どもの虐待対応の枠組み《フレームワーク》

わたしは一九八一年から今日まで四〇年以上にわたって、子どもの虐待やドメスティック・バイオレンス(以下、DVと略す)の被害者とその家族を援助するさまざまな職種の人々への専門的な研修をすることを仕事にしてきました。専門職への研修でまず最初にすることは、子どもの虐待という社会問題を総合的に理解するためのフレームワークを提示することです。私はそのフレームワークの一つを図**1**のように考えています。

子どもの虐待に関する断片的な知識をどんなにたくさん持っていても、虐待の事例をどんなにたくさん知っていても、この問題に向き合い対応するためのフレームワークをしっかりと持ち、その枠組みの中に知識、経験、感情、スキル、価値観、思想を有機的に収めていなければ、知識や経験やスキルはばらばらに散在しているだけで、必要なときに適切に使うことができません。

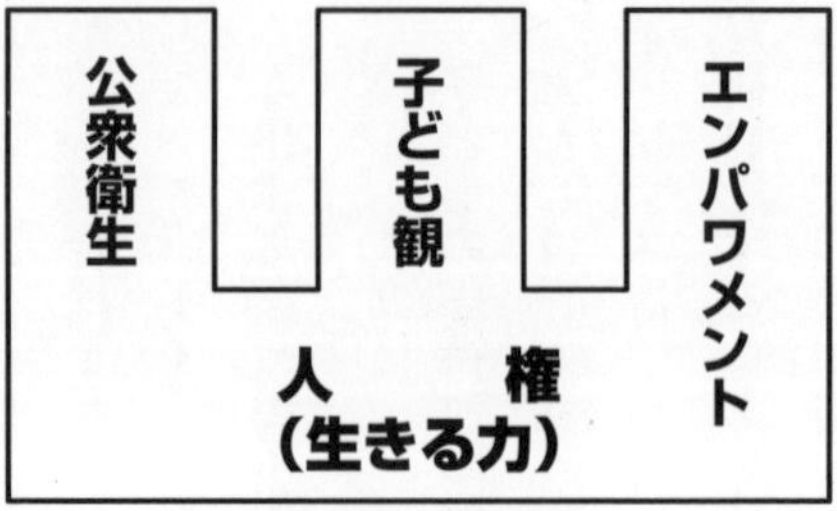

図1　子どもの虐待対応のフレームワーク

子どもの虐待問題に取り組むとき、①子どもの虐待は公衆衛生の最重要課題である　②子どもの虐待は子ども観が問われる問題である（13ページを参照）　③子どもの虐待の当事者を支援する方法はエンパワメント（内的力の回復）である、という三つの柱が重要です。その三つの柱のすべてにかかわる子どもの虐待の問題の基盤は「人権」という子どもの生きる力を尊重することです。

本書は、このフレームワークにそって構成しています。

2　公衆衛生の問題

日本では、三日に一人の子どもが虐待によって死んでいます。これはＣＡＰＮＡ（子どもの虐待防止ネットワークあいち）の調査に基づく数値で、二〇〇〇年には全国で一三九人の子どもがせっかんや無理心中で殺されていることを報告しています。一方、厚生労働省の報告によると、五日に一人の子どもが虐待で死んでいることがわかっています。これは二〇〇〇年の児童虐待防止法の施行後二年七か月間に一二七人の子どもが虐待で死亡したとの報告に基づいています。

もしなんらかの疫病の蔓延《まんえん》で三日に一人の割合で子どもが死亡しているとしたら、社会はどう対応しているでしょうか。もし、新型コロナウイルス感染症で五日に一人の割合で子どもの死亡が確認されたとしたらどうでしょう。これは国の深刻な非常事態です。国も、地方自治体も予算の投入を含めてあらゆる手段を投じて、その予防と被害者への援助に取り組むにちがいありません。

疫病対策は公衆衛生の最もよく知られた分野ですが、子どもの虐待問題も公衆衛生の重要課題なのです。それは次の二つの理由によります。

(1)　虐待がもたらす健康医療上の深刻な被害において、それは公衆衛生の問題です。新型コロナが公衆衛生の課題なのはそれが死に至る深刻な被害をもたらすからです。前述のように虐待でも三日に一人の子どもが死亡しています。死には至らなかったけれど、一生重度の身体的、心理的障害を負うことになった子どもたちはいったいどのくらいの数、いるのでしょうか。

(2) 虐待が公衆への予防教育の徹底によって、その発生件数を減らすことができる点においても、公衆衛生の課題です。新型コロナ対策の最も効果的な対応法は予防啓発です。どうしたら感染しないのか、感染したらどうしたらよいのかなどの啓発研修です。虐待も同じように、保護者、保育士、学校教職員、そして子ども自身への予防教育を徹底することによって、虐待の発生件数を減らすことが可能なのです。

子どもの虐待を公衆衛生の問題と認識することによって、**第一**にその緊急性が明らかになります。**第二**に公衆衛生の問題に取り組んでいる保健所、医療機関が率先して取り組まなければならない課題であることを明確にします。

「疫病はたいへん古くからあり、それ自体は何も変わっていない。かつて見えなかったものが見えてくるとき、われわれが変わるのである。」(J・M・シャルコー『医学への期待』*)

フロイトの先学であり、トラウマ研究の先鞭《せんべん》者であるフランスの神経学者、シャルコーの一世紀以上前のこの言葉の「疫病」を「虐待」と置き換えて読み返してください。日本の保健、医療、福祉、教育、司法の関係者たちに今何が求められているのか、示唆を得られることでしょう。

公衆衛生の視点は、**第三**に地域ぐるみの予防が虐待防止に不可欠であることを強調します。日本中津々浦々の保育所や学校で、健康診断や予防注射を行って疫病予防と健康管理を実施する日本の公衆衛生施策は、国際的にも高く評価されているものです。虐待予防も同じように地域コミュニティの核としての学校、幼稚園、児童福祉施設と保健所、保健センター、病院を場にして研修、啓発を行っていくことで、世界的にも他国のモデルとなり得る優れた虐待予防施策を実施していくことができるはずなのです。

乳幼児への虐待予防は、保育所、保健所、保健センター、病院の役割として、まずは職員への研修を徹底させ、次に親への啓発を行います。病院や保健センターでは出産前の父母を対象に参加型の研修が必要でしょう。この際、母親だけでなく、父親の研修受講を可能にする工夫と努力が必要です。母親ばかりではなく、父親や母親の恋人もしばしば深刻な虐待をしています。また、後述する乳児揺さぶられ症候群は、父親が加害者であることの方が多い虐待で、また、予防啓発教育を徹底することで発生件数を大幅に減らすことのできるタイプの虐待です。保健所や病院の産婦人科での待ち時間に、啓発ビデオを上映することでも効果を発揮することでしょう。

子どもを虐待してしまう母親が夫から暴力を受けていることもしばしばです。DV対策と子どもの虐待対応は並行して行わなければなりません。母子保健だけでなく、父子保健、夫婦間保健をどう効果的に提供していくのか、知恵を出し合わなければなりません。

就学前から高校生までの虐待予防は幼稚園、学校、児童福祉施設で、「教職員、保護者、子ども」へそれぞれ別々に、しかし同時期に予防教育研修を実施することが最も効果的です。学校における予防教育のあり方については、「9　虐待に対応する四つの分野」で詳しく説明します。

＊J. Goldstein, *Console and Classify: The French Psychiatric Profession in the Nineteenth Century*, Cambridge University Press, 1987

3　子ども観と子どもの人権

アビューズは「誤用」という意味

虐待という語を日本語の辞書で引くと「むごい扱い」とあります。子どもの虐待という語は多くの日本人にとって残虐な行為を連想する言葉です。しかし「虐待」と日本語訳された「アビューズ」(abuse)という英語は、本来はそのようなイメージを持つ言葉ではありません。

アビューズには「誤用、濫用」という意味があります。日常の英会話の中でも立場・職権の濫用(abuse of the position)、地球への虐待(abuse of the earth)、などといずれも腕力、知力、社会力、武力、権力を持つ者が、その力を誤用したために起きる事柄に関して使われているのです。だから血だらけで残虐なむごい扱いでなくても、子どもに対して大人がその力を濫用した不適切な対応のことが本来のchild abuseの意味です。これは本書の旧版でも指摘したことですが、約三十年を経て改めて、残虐な扱いを連想させる「虐待」という訳語が日本で定着してしまったことを、残念に思います。

子どもは力を持たされていません。子どもが自分の意志で何かを決定できることはまれです。子どもの人としての尊厳が、親や教師やその他の大人の都合で無視され、踏みにじられることは日常茶飯の出来事です。このように大人と子どもの圧倒的な力関係の不均衡が容認されている社会では、子どもの虐待は、たとえ目に見えず、耳に聞こえてこなくてもかなりの数で起こっているはずです。力を有するものが、力を持たされていない者を利用することが大手をふってまかり通っている社会では、それは必ず起きています。

子どもの人権が認められるようになったのは最近のことです。子どもは親や家の従属物ではなく、一個の人格であるとの見方が広まるのと並行して子どもの虐待問題も表面化し始めました。日本で子どもの虐待問題が社会的問題として取り沙汰されるようになったのは一九九〇年前後です。一方、一九八九年に国連総会で採択された子どもの権利条約が日本で批准されたのは一九九四年でした。大人社会の子ども観の変化が子どもの虐待という闇に光をあてたのです。

子どもを一個人として尊重されるべき人格と見るのか、あるいは親や家族や国家による指導と育成の対象と見るのか、このことは子どもの虐待問題への基本的アプローチにかかわるきわめて重要な点です。別の言い方をするなら子どもを、感じる力、人とつながろうとする力、自己治癒力、問題解決力などたくさんの力を内在させている存在と見るのか、大人が指導し教育することではじめて力をつける存在と見るのか、このような子ども観の違いによって、子どもの虐待問題への対応の仕方は、大きく異なってきます。

子どもの虐待のタイプ

通常、子どもの虐待は次の四つに分類されています。

身体的虐待　性的虐待　養育義務の拒否または怠慢（ネグレクト）　心理的虐待

二〇〇〇年に成立し二〇〇四年に改正された「児童虐待の防止等に関する法律」ではこの四つを以下のように定義しています。（傍線は二〇〇四年の改正部分）

（児童虐待の定義）

第二条　この法律において、「児童虐待」とは、保護者（親権を行う者、未成年後見人その他の者で、児童を現に監護するものをいう。以下同じ。）がその監護する児童（十八歳に満たない者をいう。以下同じ。）について行う次に掲げる行為をいう。

一　児童の身体に外傷が生じ、又は生じるおそれのある暴行を加えること。

二　児童にわいせつな行為をすること又は児童をしてわいせつな行為をさせること。

三　児童の心身の正常な発達を妨げるような著しい減食又は長時間の放置、保護者以外の同居人による前二号又は次号に掲げる行為と同様の行為の放置その他の保護者としての監護を著しく怠ること。

四　児童に対する著しい暴言又は著しく拒絶的な対応、児童が同居する家庭における配偶者に対する暴力（配偶者（婚姻の届出をしていないが、事実上婚姻関係と同様の事情にある者を含む。）の身体に対する不法な攻撃であって生命又は身体に危害を及ぼすもの及びこれに準ずる心身に有害な影響を及ぼす言動をいう。）その他の児童に著しい心理的外傷を与える言動を行うこと。

（児童に対する虐待の禁止）

第三条　何人も、児童に対し、虐待をしてはならない。

児童虐待を「保護者」による行為と限定するのは児童福祉法(28条)以来の日本の慣例ですが、国際的には異例です。米国でも英国でも他の多くの国でも「保護者」によると限定する児童虐待の法律上の定義はしていません。二〇〇四年の改正で「同居人」による虐待を保護者が放置することもネグレクトとする定義が加わりましたが、子どもは家庭の外でも虐待にあっています。法律の第三条では「何人も児童に対し、虐待をしてはならない」と明記しているのですから、第二条の保護者に限定された定義は矛盾を起こしています。この定義では、保育所、学校、塾、クラブなどでの身体的虐待、性的虐待、食事を与えないなどのネグレクト(養育の拒否・怠慢)行為、繰り返される暴言、無視などは、虐待とはみなされないことになります。児童福祉法でもそうなっているからといって論議を終わりにしてしまわないで、あらためて「保護者による」という限定の付いた日本特有のこの虐待の定義をいつまでも保持することが本当に必要なのかどうかを、まずは日本の児童虐待対応の現場の人々や研究者が真剣に問い直してほしいものです。その際、通告先を家庭内の虐待は児童相談所へ、家庭外の虐待は警察へと分け、両役所が相互に通報するシステムづくりが必要です。

近年保育所で起きた深刻な身体的虐待やネグレクトによる死亡事件、学校内で頻繁に起きていながら表面化されないでいる教師から児童への深刻な性的虐待や体罰暴行や心理的虐待の発生件数を減らすためにも、この法律を広く活用できるようにしなければなりません。

二〇〇四年の改正で心理的虐待として「著しい暴言又は著しく拒絶的な対応、児童が同居する家庭における配偶者に対する暴力」が明記されたことは、大きな前進でした。DVの家庭環境に育つ子どもは、直接の暴力を受けていなくても、深刻な心理的被害を受け、暴力を受けているのと同じような症状を示す国際的な研究が積み重ねられてきました。この定義が明記されたことによって、DVとは配偶者への虐待であると同時にその家庭の子どもへの虐待でもあることが明確になったわけです。このことが子どもの虐待およびDVの発見、介入、治療の分野において具体的に何を意味するのかが広く周知・研修されなければなりません。

法律上の虐待の定義は今後も改正を加えていく必要がありますが、ここでは先述7-8ページのフレームワークの「人権擁護=子どもが健康に生きる権利の保障」という理念に立った場合、子どもの虐待の予防、介入、治療の各分野の人々が共有したい実務上のガイドとなる定義をします。

子どもの虐待とは

1、一八歳未満の子どもに対する
2、大人、あるいは行動の判断可能な年齢の子ども(一四―一五歳ぐらい以上)による
3、偶発的に起きた事故ではない、

以下のような行為をさす。

・**身体的虐待(physical abuse)**　生命、健康に危害をもたらす身体的暴行。次の三つに大別できる。

(1)　生命の危険を伴う暴行——首をしめる、溺《おぼ》れさせる、何日も食事を与えない、布団で

おさえ込む、寒い外にしめ出す、異物・薬物・アルコールを飲ませる、頭部・胸部・腹部への殴る蹴《け》る、熱湯・アイロンなどによるやけど。後述する乳児揺さぶられ症候群や代理ミュンヒハウゼン症候群、無理心中なども含む。

(2) 外傷をもたらす暴行——骨折、打撲、噛《か》み付き、たばこ・熱湯・灸などによるやけど。

(3) 繰り返される体罰——身体的な苦痛と恐怖感をもたらす行為。

・**性的虐待(sexual abuse)**　子どもに対して行われる性的行為のすべて。* 次の二つに大別できる。

(1) 性的暴行(sexual assault)——強姦《ごうかん》、近親姦、その他の性的行為の強要・誘導・教唆、行為者の欲求を満たす意図で性器・性交を子どもに見せる。

(2) 性的搾取(sexual exploitation)——子どもをポルノグラフィ(映像、絵)の被写体にする、子どもに性的な行為をさせて人に見せる、子どもに売買春行為をさせる。

＊一定年齢(たとえば一六歳)に達していない子どもの場合は、子どもの同意による性的行為も虐待とみなす。

・**養育保護義務の拒否または怠慢(neglect)**

(1) 子捨て、遺棄。

(2) 子どもの健康・安全を守る義務の放棄——乳幼児を家や車の中に放置、生命の安全に不可欠な医療を受けさせない、子どもが身体的・性的・心理的虐待を誰かから受けることを黙認または幇助《ほうじょ》する、子どもの意思に反して学校等に行かせない。

（3） 健康維持に最低限必要な衣・食・住を提供することに怠慢・無関心。

・心理的虐待（psychological abuse）

（1） 子どもへの暴力・暴言・脅迫・無視・愛情遮断《しゃだん》・侮蔑《ぶべつ》・他の子との差別などによって子どもに心理的外傷を与える、または子どもの自尊心を著しく損なう繰り返される言動。

（2） ＤＶの家庭環境――父母、またはそれに準ずる者の間の身体的・性的暴力を子どもが目撃することによって子どもに心理的外傷を与える。

また虐待の特別な形態として以下のものがあります。

・乳児揺さぶられ症候群（Shaken Baby Syndrome）

乳児揺さぶられ症候群（ＳＢＳ）の被害者の多くは六か月以下の乳児です。乳児が泣くということが引き金となる特徴を持つ身体的虐待です。乳児が最も泣く六週間から四か月の年齢は、揺さぶられ症候群の被害年齢と重なります。

乳児が泣きやまない。抱いてあやしたり、哺乳ビンを口にあてがったりしても、乳児はいっそう大きな声で泣き続ける。世話をしている人は苛立《いらだ》ってくる。そして自制心を失って、乳児を激しく揺さぶったり、あるいは頭をどこかに打ち付けたりして、泣きやませようとします。

乳児が急に泣きやみ、ぜーぜー言い出したり、血の気がなくなったりする。そのとき乳児はすでに脳と脳の外側の層との間の血管が切れて、脳内出血を起こしています。

この虐待の結果は深刻です。米国の調査では約二五％の乳児揺さぶられ症候群の子どもが死んでいます。死ななかった場合も、脳性麻痺《まひ》や失明などの深刻な障害を残すことが多いのです。結果が深刻なだけに、予防を徹底させなければなりません。そしてこれは新生児の親をターゲットにした予防教育が大きな効果をもたらすタイプの虐待でもあるのです。健康な乳児は一日に平均二―三時間も泣き、どんなにあやしても泣きやまないことはよくあります。そんなとき苛立って、腕力で泣きやませようと激しく揺さぶると、とりかえしのつかないことになるかもしれないと周知させる必要があります。乳児が泣きやまないことによるストレスに親はどう対処したらよいかを説教調ではなく、気づきをもたらすことで教えるビデオやパンフレットの開発が必要です。

わたしがアメリカで虐待問題に携わっていた一九八〇年代には、乳児揺さぶられ症候群はちょっとした揺さぶり、たとえば遊びで「たかい、たかい」を繰り返すことでも起こり得ると考えられていました。ですからそのころの予防啓発の第一ターゲット層は、ティーンズでした。アメリカでは多くのティーンズがアルバイトとしてベビーシッターをするからです。ティーンズ向けの乳児揺さぶられ症候群啓発パンフレットで、赤ちゃんを揺さぶると大変なことになるとのメッセージが広まりました。しかしその後の研究で、単純な揺さぶりでは、乳児の脳内出血は起きないことがあきらかになりました。乳児揺さぶられ症候群は、相当の力で激しく繰り返し揺さぶったり強い衝動を与えたりして初めて起こることなのです。

今日では、米国の乳児揺さぶられ症候群の予防啓発の対象は、ティーンズではなく、男性たち、特に若い父親たちです。米国での統計調査ではこの虐待の加害者の七〇%が若い男性、主として乳児の父親か母親の恋人だからです。若い父親向けにつくられた啓発パンフレットや専用ホットラインが用意されています。

日本では、児童相談所が受理した虐待相談ケースの約六〇%が母親による虐待のケースであるため、虐待対策は母子保健による予防策に集中しています。しかし「父子保健」も緊急に必要とされているのです。

赤ちゃんに外傷がないものの、脳の画像検査で硬膜下血腫・網膜出血・脳浮腫という三徴候が見られると、乳児揺さぶられ症候群（SBS）の虐待が疑われます。しかしこの基準を厳格に当てはめてしまうと、冤罪も起こりうることが問題提起されています。二一世紀に入ってからSBSと虐待認定され有罪判決を受けたケースが、逆転無罪となる判例が海外では続いています。日本でも二〇一四年以降、一五件のSBSの無罪判決が出ています。SBS予防の啓発を続けると同時に医学界の知見と精査を集めて、誤診をなくすための新たな基準が設定されることを期待します。

・代理ミュンヒハウゼン症候群（MSBP）

一八世紀ドイツの地方貴族ミュンヒハウゼンは空想上の冒険談をしてまわったことで「ほら

ふき男爵」の異名をとりました。その名にちなんでつけられたミュンヒハウゼン症候群とは、虚偽の病状を訴えて病院めぐりをして周囲の人の関心を引こうとする言動をさします。

代理ミュンヒハウゼン症候群は、親が子どもの体調について嘘《うそ》の症状を訴えたり、故意に病気にしたり、けがを負わせたりして、不要な医学的治療、検査などを繰り返し受けさせることです。中には医学的知識に詳しく、医療関係者であることもあります。親は子どもを献身的に看病する役割を演じることによって、周囲の人からの関心と同情を得ようとします。日本でもこのタイプの虐待はときどき報告されています。

・親子心中・無理心中

八〇年代のカリフォルニア州で日本人女性が夫の浮気に悩んで、子どもを連れて海に入り、子どもは死に女性は生き延びた親子心中事件がありました。親子心中に対する社会の同情のない米国では、この種の事件は虐待死とみなし女性に殺人の罪を課すのが通常の対処ですが、このケースでは、文化的背景を考慮するかどうかで大きな論争が起きました。その時、米国の児童福祉分野では、日本社会特有の親子心中という現象に関心が高まりました。米国で虐待防止の仕事をする一日本人としてこの問題をどう考えるかと、報道記者に意見を求められたとき、私は次のように答えたことを覚えています。

「親子心中に寛容な文化とは、子どもの人間としての尊厳、子どもの人権が尊重されていない社会です」

親の都合で「自分なしでこの子は生きられない」と勝手に判断され、死を強要されることは、虐待以外の何ものでもありません。子は親とは別の人格と尊厳を持つ個人であって、親や家の一部でありません。残された子どもがかわいそうという動機よりも、死んだ後、子にうらまれたくないとか、死ぬ道連れがほしかったというエゴが本音であることもあります。子どもを殺して自分も死のうとしたのに死に切れなかったり、先の女性の例のように体力の弱い子どもが死んで大人が生き延びてしまうこともしばしばです。新聞などで報道されている虐待死事件の中には、親が心中するつもりで子を殺したあと自分を殺せなくなってしまったケースもあります。

うつ症状に悩む親が子に向かって、「ママといっしょに死のうか」とか「おとうさんと死んでくれるか」などと言うことがあります。うつの苦しみの中から出た言葉でしょうが、言われた子どもは、大きな不安と恐れにとらわれ、まるでのろいの文言のように子のその後の人生を深いトラウマにしばりつけてしまうことがよくあります。

親子心中に同情的な社会とは、つまるところ、世間のあつれきのはざまでより力の弱い者が切り捨てられることをしかたないと受け入れている風土としか思えません。

・**乳幼児突然死症候群（ＳＩＤＳ）**

主に一歳未満の乳幼児が、何の予兆も既往症もなく突然死ぬ原因不明の疾患です。厚生労働省の報告によると二〇〇二年には二八五人が死亡しています。虐待ではありませんが、日本では虐待や窒息事故による乳幼児の死亡が乳幼児突然死症候群（ＳＩＤＳ）の診断名で安易に処理されてきた実態がありました。

二〇〇二年二月に香川県の保育園で起きた虐待死事件では、一歳二か月の被害男子に多数の傷跡があったにもかかわらず司法解剖医師による「ＳＩＤＳの疑い」が診断されたため、警察が捜査に乗り出しませんでした。納得しなかった男子の両親が園長を殺人罪で告訴したために捜査が再開されて、園長による一〇年に及ぶ虐待の実態が明らかにされました。この事件後、厚生労働省に「乳幼児突然死症候群のためのガイドライン作成およびその予防と発生率軽減に関する研究班」が設置され、これまでのずさんなＳＩＤＳの診断を正す基準が作成されました。虐待又は窒息事故とを鑑別する的確な対応をすること、必要に応じて保護者に対して解剖を受けるよう勧めることなどが定められ、厚生労働省は、毎年ＳＩＤＳ対策強化月間を実施しています。一九九五年には五七九件報告されていたＳＩＤＳが毎年減少し、二〇二一年には八一件まで減ったことは、ＳＩＤＳに関する予防啓発の効果を推測させます。

4　エンパワメントとレジリアンス

虐待対策であれ、社会教育であれ、福祉や教育の実践プログラムには理論があり、方法のモデルがあります。日本の福祉、教育の分野では、方法論をもった実践的プログラム開発が少なく、愛、情熱、厳しい姿勢、真剣なかかわりといった心構えや理念だけで問題に対応しようとする傾向が今も強くあります。愛や情熱は何よりも大切なものですが、それだけでは不十分です。一九八一年から今日に至るまで、わたしはエンパワメントという人間と社会に対する分析と価値観に基づく方法論から、福祉、教育、心理、人権の実践プログラム開発に携わってきました。

生きる力のみなもと

エンパワメントは人権と不可分に結びついた考え方です。

その考え方は、人は皆生まれながらにさまざまの素晴らしい力(パワー)を持っているという人間観から出発します。そのパワーのなかには自分を癒やす力、降りかかってきた問題を解決する力、そして個性という力もあります。

生まれたばかりの赤ちゃんにはどんなパワーが内在しているでしょうか。**図2**を見ながら考えてみてください。どの赤ちゃんにも生き続けようとする生理的力があります。そして人とつながろうとする社会力があります。赤ちゃんは泣くことで生きるニーズを発信し他者とつながろうとしています。それに応えてくれる他者との身体的接触や視線の交換や情動の交流の心地よさを通して自分の存在の尊さを確認していきます。その他に赤ちゃんはその子にしかない個性という力・パワーを持っています。

この赤ちゃんの存在の中心には、目で見ることはできないけれど、たいへん重要な力が内在しています。それは人権という生きる力です。赤ちゃんからお年寄りまで、誰でもが持っていて、それがないと生きられないほど困るもの、それが人権です。日本語の手話では人権を人の力と表現します。人権とはまさに人の生きる力です。人権とは「わたし」が「わたし」であることを大切に思う心の力です。わたしのいのちを尊重し、他者のいのちを尊重する力です。

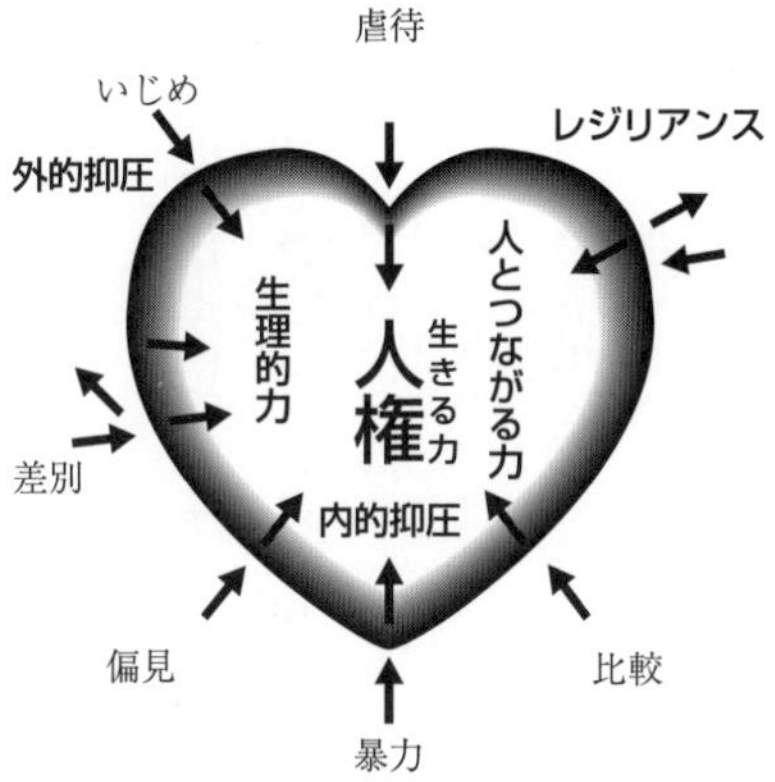

図 2　外的抑圧と内的抑圧

赤ちゃんは自分の存在の大切さを言葉では認識していません。でもまわりの人から受け入れられ、大切にされる安心感と心地よさを感じることで自己肯定感を育てていきます。そして潜在的に持っているさまざまの力を豊かにしていくのです。この「わたし」のもろもろのパワーを育ててくれるのは、「わたし」を条件ぬきで、まるごと受け入れてくれる他者との信頼関係です。とりわけ乳幼児期の保護者との基本的信頼関係、無条件で受け入れられ愛されるという安心の体験とその記憶はその後の人生を通して、その人の生きる力(人権意識)のみなもとになります。

外的抑圧と内的抑圧

しかし残念なことに、現実はこのような受容の関係ばかりが子どものまわりにあるわけではありません。自分の持つもろもろのパワーを傷つける外からの力に人は次々と出会っていきます。こうした外からの力は必ずしもむき出しの敵意や悪意に満ちた抑圧として子どもに向けられるわけではありません。

外からの抑圧のもっとも卑近な例は「比較」です。比較は幼少の時だけでなく、学校で、受験競争の中で、職場で……と一生わたしたちにつきまとい、わたしたちの本来のパワーをそぎ落としていきます。「条件付きの親の愛情」もこのパワーを傷つけます。もろもろの差別や偏見も本来のパワーを奪っていきます。虐待、体罰、いじめ、レイプ、両親間の暴力を目にするなどの暴力の最大の残酷さはあざや身体的外傷ではなく、被害者から自分を大切に思う心と自分への信頼を奪い、自分の尊さ、自分の素晴らしさを信じられなくしてしまうことにあります。**図2**の中心にある、人権という生きる力を奪うのです。

外的抑圧は比較、いじめ、体罰、虐待とさまざまな形をとりながらも、共通するひとつのメッセージを人に送り続けます。それは「あんたはたいした人間じゃないんだよ」というメッセージです。人はしばしばその外からのメッセージを信じてしまい、みずからを抑圧してしまいます。それをわたしは「内的抑圧」と呼んでいます。「そうか。自分はたいした存在ではない、つまらない人間なのか」と。でも、わたしたちは誰でも皆たいした人間なのです。「あなた」はただ「あなた」であるだけで、もう充分にたいした人間です。生きたいという生命力を持ち、人とつながって生きようとする力を持ち、女である、男である、障害があるないといったあなたならではの個性を持った、かけがえのないたいした人間です。

エンパワメントとはこのような外的抑圧をなくすこと、内的抑圧を減らしていくことで、本来持っているもろもろの力(生理的力、人とつながる力、人権という自分を尊重する力、自分を信頼する力など)を取り戻すことです。外的抑圧をなくすためには法律、システムの改革が必要になります。社会の差別意識や偏見を変える啓発活動も不可欠です。内的抑圧をなくすためには、社会から受けた不要なメッセージをひとつひとつとりのぞいていき、あなたの存在の大切さを体得していくことです。エンパワメントとは、誰でもが持っている生命力や個性をふたたび生き生きと息吹かせることです。

レジリアンス(弾力性)

外的抑圧のまったくない環境などありえないし、抑圧ではないにせよ、人間関係に葛藤《かっとう》や対立はつきものですから、子どもも大人もさまざまなストレス源に出会っていくのが現実です。こうした外からやってくる抑圧は時には人の内に深く侵入し、内的抑圧となって自尊感情を低め、健康に生きるさまざまな力に傷をつけてしまうこともあります。しかし、いつもそうなるわけではありません。なぜなら人は外的抑圧をはね返してしまう力も持っているからです。抑圧がいったん内に侵入し、心の内に傷をつけられたとしても、その傷を自分で癒やしてしまう自然治癒力も人は持っています。

このような力のことを英語ではレジリアンス(弾力性)と呼びます。図**2**でいえば、内的抑圧の矢印・力の方向を逆にした力です。リカバリー(回復)をもたらす原動力といってもよいでしょうか。わたしたち誰もがレジリアンスを持っています。子どもたちもその力を持っています。ところが実際に問題の真っただ中に立たされてしまうと、自分の力に気がつくことができなくなってしまう。後になって思い返してみればいろいろ解決方法はあったと思えるのに、その時は何をしてもどうせむだだと思い込んでしまってただうずくまっているだけになってしまう。援助とは相手が自分のかけがえのなさに気づくよう働きかけ、内的抑圧の方向を逆にするように力を貸すことで、レジリアンスの活性化を願うことです。

問題解決力を育てる三段階

レジリアンスという視点から子どもの問題解決力を育てるために援助者ができることをまとめると次の三つになります。子どものエンパワメントの具体的方法と言えるでしょう。

1、気持ちを表現する

感情は人間の理性や行動様式にきわめて重要な役割を果たしています。にもかかわらずわたしたちの社会では、感情は理性のように評価されてきませんでした。感情を素直に表現することは忌み嫌われてきました。喜びや嬉しさや楽しさの感情はともかく、恐怖、不安、怒り、悲しみ、悔しさ、淋しさ、孤立感といった不快感を伴う感情を素直に認めることにわたしたちは慣れていません。不快な感情は自分の中だけに閉じ込められているうちに変形してしまいます。変形してしまった感情は、外からの何らかの刺激に反応すると爆発して自分か他者への攻撃として表出されがちです。子どもたちは「ムカつく」とか「キレそう」と表現します。「キレそう」という表現は子どもたちがいかに不快な感情をためこんで素直に表現できない環境に生きているかを物語っています。理不尽なこと、いやなことをたくさん経験して、悔しさや不信や寂しさを募らせているのに、それを相手に伝えることができず、自分の内に押し込めなければならないことが重なってもう「キレそう」になるわけです。コミュニケーションの圧倒的に不足している生活環境が目に浮かぶようです。

感情は言葉にすることで自分にも相手にもはっきりし、そこにコミュニケーションが生まれます。いったい誰に対して、何が理由で「ムカついて」いるのか、さらに自分は相手に何を求め、何をしたいのかはそれを言葉にすることで見えてきます。

2、人の力を借りる

自立とは一人で立つことではありません。自立の根っこには自分を信じ、受け入れてくれる人々の支えがあり、それがあって初めて人は立つことができます。しかし社会はわたしたちに「人の力を借りよう」とは教えてきませんでした。逆に「人に迷惑にならないように」「人様の世話にならないよう」と言われ続けてきました。とりわけ家庭の外に助けを求めることは、恥をさらすことであり、人の哀れみを受けることになるかのように教えられてきました。困っている人を助ける福祉はかわいそうな人への哀れみの施策と受け取られてきました。思春期の子どもたちは、「人に悩みを相談するともっと情けなくなる」、「惨めになるから相談しない」と口々に言います。人に相談することは弱音を吐くことでもなく、自立していないことでもありません。逆にその人は自分への自信があるから人に力を借りることができるのです。

3、行動の選択肢

問題に直面しているということは、自分の行動の選択肢が狭められてしまった状況に立たせられて困っていることです。どんなに絶望的な状況でも必ずなんらかの行動の選択肢があることに気づいていきます。外的な資源を活用し(人の力を借りる)、内的な資源を掘り起こす(自分への自信を取り戻す)ことです。そのために、援助者は子どもの気持ちを聴き、受け止め、子どもといっしょに行動の選択肢を探します。

エンパワメントとは、虐待を受けている子どもとその家族を援助する際、25ページの図**2**に示したような相手の内のもろもろの力を信頼することから始まります。そして気持ちを聴き、受け止め、ともに行動の選択肢を探して問題を解決することは可能だとの自信を育てていくことです。小学生にも幼児にも直面している問題を解決する力はそなわっています。子どもたちが本来持つ力を出すことができるような環境に大人がなること、それが子どものエンパワメントです。

CAPプログラム

エンパワメントと人権の理論を実践化した子どもの虐待予防教育モデルにＣＡＰプログラムが

あります。ＣＡＰはChild Assault Prevention（子どもへの暴力防止）の頭文字で、一九七八年に米国で開発された教育プログラムで、日本には一九八五年に筆者が紹介しました。現在は一一〇のＣＡＰプロジェクトが全国の多くの都道府県で活動しており、その結果日本の約二一五万人の大人と約三五九万人の子どもたちがＣＡＰワークショップを受講しました（二〇二一年現在）。プログラムでは就学前、小学生、中学生、障害のある子、児童養護施設の子どもたちと、それぞれ発達段階にふさわしい寸劇、歌、人形劇、討論などを盛り込んで子どもを怖がらせることなく暴力防止の具体的対処法を教えます。

従来の「〜してはいけません」式の危険防止策ではなく、安心、自信、自由の人権意識を子どもたちに繰り返し教えることで、自分の大切さを体得してもらいます。そして虐待、誘拐、いじめ、性的被害などのさまざまな暴力から子どもが身を守る方法を、学校や保育所を場にして、子ども、教職員、保護者に研修します。

過去二八年間の日本での実践は、プログラムを受けていたために、虐待やいじめから身を守ることができたたくさんの成功例の報告をもたらしました。又数量的な効果調査でもプログラムの目的が全般的に高い数値で達成されている報告が出ています（森田ゆり「ＣＡＰプログラムの効果①②」『月刊ヒューマンライツ』二〇〇一年三、四月号、部落解放・人権研究所）。

改正児童虐待防止法の中で、学校や児童福祉施設での虐待予防教育の実施が明文化されたこともあり、今後、ＣＡＰプログラムの活動にいっそうの期待が寄せられています。

5　体罰の六つの問題

体罰を容認する風土

虐待をした親の多くが、「しつけのためだった」と弁解します。死に至った深刻なケースの場合でも、言うことをきかないから体罰をしただけだと言います。子どもへの身体的虐待を減らすためには、保護者や教師による体罰を容認する風土を排して、体罰を受け入れない文化をつくることが必要です。

子どもの発達心理の国際的な研究分野は長年にわたって体罰が子どもの健全な心身の発達に与える否定的な影響について警告し続けてきました。欧米では体罰を受けた子どもたちを何年間も追跡調査して、その後、攻撃行動をとる子どもの割合が高いことを示す研究報告が発表されています。日本でも体罰を受けて育ったことと非行との間の相関関係を示唆する研究が報告されています。

にもかかわらず約七五％の日本の若者は保護者か教師による体罰を経験しています。*

体罰を受けたとき子どもは身体的苦痛以上にさまざまな感情を抱きます。それは恐怖であり、悔しさであり、みじめさであり、寂しさでありと、人によってさまざまです。しかし体罰をする大人は正しくて、体罰を受ける子どもに問題があるとの力関係の構造がゆるぎなく存在するとき、そんな子どもの感情はとるに足らないものとして行き場を失い子どもの中をさまようしかありません。認められなかった感情、表現を許されなかった感情、とりわけ本人自身も認めることができない感情は心の中の異物として残り、自尊感情に、対人関係に大きな歪《ゆが》みをもたらします。

子どもの養育・教育にかかわる大人たちは、このような基礎的な子どもの発達の理解を持ってほしいものです。しかし現実には日本の大人の六割が保護者による体罰を容認しているという調査報告があります。** 体罰を「教育熱心なあまりにしたことだから」と言って容認したり、奨励する人はかなりの数でいます。

たしかにたった一度だけ平手打ちされることと、一年間にわたって親や担任教師から無視されることとの心理的ダメージを比較したら、後者のほうがずっと大きな苦痛を子どもにもたらします。だから、子どもに対する不適切な対応の中で体罰だけが問題だと主張しているのではありません。ただ体罰は他の虐待のタイプに比べると目に見えるので、それをする本人にも、周りの者にもしていることが認識でき、なにしろやめようという啓発教育の効果が比較的上がりやすいのです。

体罰には次の六つの問題性があるとわたしは考えています。そう、六つも問題があるのだから、子どもの健全な心身の発達を心から願う大人ならば、体罰はもう「しない」「させない」ときっちりと決めてもよいのではないでしょうか。そうしないと、後で大きなつけを払わなければならなくなるかもしれません。

1、体罰はしばしばそれをしている大人の感情のはけ口であることが多い

あなたが子どもに手を挙げたときのことを思い起こしてください。それは暴力は振るいたくはないが、子どものことを考えると心を鬼にしてでも殴らざるをえないと考えた末の理性的判断からの行為だったのですか。

人間は誰でも皆多かれ少なかれ感情で行動する存在です。大人だって日々の子どもとの付き合いの中で、怒りや悔しさや屈辱感などさまざまな感情をいだきます。親、教師、保育士、子どもの施設の職員など、日々子どもと付き合わなければならない人々は実に大変な困難な仕事についている人たちです。

子どもが大人の言うとおりにしてくれるときは、彼らはとてもかわいい存在です。しかし子どもが大人の思うとおりにしてくれないとき、彼らはしばしば大人の感情をいたく刺激してきます。「二度としない」という子どもの言葉を信用していたのに、その信用を裏切られたとき、怒りが込み上げてくるのは当然です。「こんなメシ、食えるか」なんて、親の尊厳を貶《おとし》めるようなことを子どもが言い放てば、許してなるものかとこちらはいきりたちます。これも当然の感情です。しかしその感情を子どもに伝える手段を持たない大人は殴る、突き飛ばすなどの暴力行為で感情を表現してしまいます。そのとき体罰を受けた子どもが大人から学ぶ教訓は「腹が立ったら暴力でそれを表現していい」ということにほかなりません。

「指導に熱心なあまりつい手が出た」と大人は理由をつけますが、実のところ多くの場合、体罰が起こるのは大人の感情が暴力という形で爆発するからです。そのことをまず大人は素直に認

める必要があります。

では親や教師は子どもを前にしていつも観音様のように穏やかでなければならないのかといったら、そんなことのできる人間はまずいないし、それは子どもにとってもちっともいいことではありません。

問題行動を起こす子どもは、実は大人から制止してもらいたいのです。怒ってほしいのです。誰も自分の行動を制止してくれなければ、さらに問題行動をエスカレートさせて、これでもかと大人の拒否を得ようとします。だから、本当に腹が立ったのなら、それはしっかりと子どもに伝える必要があります。ただし体罰以外の方法によってです。

2、体罰は子どもに恐怖感を与えることで子どもの言動をコントロールする方法である

身体的な苦痛とはそれを与えた相手への恐れの感情と不可分に結びついています。子どもが盗みをした、嘘をついた、これは放っておいたら大変だと体罰で指導しようとしても、恐怖で行動をおさえ込んでいるかぎり、親の子に対する切実な願いや懸命さは子どもには伝わりません。子どもは体罰をする大人の前ではその行動は二度と取らないかもしれませんが、体罰を与えないそのほかほとんどの人の前では、行動は変わらないのです。

子どもの善悪の判断や社会規範を育てたいのだったら、体罰は効果のあるやりかたでないどころか、マイナスの効果をもたらすことの方が多いのです。

子どもは親を手本にして規範や価値観を身につけていきます。だから親が、これだけは子ども

に教えなければならないと考える信条や価値観があるのだったら、それはしっかりと伝えていくことが必要です。しかしその方法に体罰を使うことは逆効果です。

たとえ反抗期のティーンエイジャーであっても子どもは親や教師からのガイドを求めています。求めていることを素直に表現しないのが自我の確立を固めつつあるこの年齢の子どもたちの傾向なので、子どもが大人に自分の価値観や考えや言動のあり方をぶつけてみて、その反応を見ようと試していることはなかなか理解されません。子どもが求めている親や教師とは、なんでもいいよ、とのれんに腕押しのようなぶつかりがいのない大人ではありません。むしろ引かないところでは頑として動かない手ごたえのある存在を求めているのです。大人だって同じですが、子どもたちが必要としているのは安定した言動のガイドとモデルであって、体罰のような恐れと不安による行動の縛りではありません。

3、体罰は即効性があるので、使っていると、他のしつけの方法がわからなくなってしまう

すでに述べたように体罰は恐れで子どもの行動をおさえ込むために、体罰をする人の目の前では子どもの行動は即刻矯正されたかに見えます。体罰の表面的な効果に頼っているとほかのしつけの方法が使えなくなってしまいます。ちょっとした子どもの過ちや言動に対していつも殴るという方法をとることになっていきます。体罰以外のしつけの方法はそれを知らなければ使えないし、即効性に欠けるので忍耐心や心理的エネルギーを多大に必要とするからです。

もっと子育ての知恵やアイディアが共有されていいのではないでしょうか。知恵とは子育ての

理想や心構えではなく、具体的な対応、具体的なことばかけの成功例の集積です。子どもが物を盗んだとき体罰ではなくこう対応した、子どもが他の子どもに危害を加えたときこうした、といった対応の仕方を知ることはハウツーを学ぶことではありません。ハウツーとは「こうしたらああすればいい」と決まったやり方を教えるものですが、人間を相手にする場合決まったやり方など存在しないのでハウツーは役に立たないどころか危険です。しかし「こうしたときああしてみたらよかった」というアイディアをたくさん知っていることは、自分の現実に対応するための行動の選択肢を与えてくれます。選択肢を知らないとき人は、自分が慣れ親しんだ対処法か、感情に流されるままの対処法しかとることができません。

4、体罰はしばしばエスカレートする

体罰が身体的な苦痛と結びついた恐れを利用した言動のコントロール方法であるかぎり、これは充分に痛かったり、恐れを抱かせるものでなければなりません。最初はげんこつで頭をちょっとつついただけで、子どもは充分恐れたのに、同じ方法を使っていたら、もう怖がらなくなってしまう。となれば、もっと痛くてもっと怖い方法を用いなければ効果がないことになります。体罰はエスカレートする傾向を持っているのです。

とりわけ体罰をしている人が孤立しているときは、体罰は虐待へとエスカレートします。体罰で子どもの行動をコントロールしようとして効果をみないと、なにがなんでもこちらの思うとおりにさせなければと、いっそう激しい体罰を加えることしか考えられなくなります。一種の異常

心理におちいってしまいます。異常心理におちいっていることに気づかせてくれる周りの誰かがいればよいのですが、歯止めをかけるほかの大人がいないなかで、取り返しのつかない事態になってしまうことがあります。

5、体罰はそれを見ているほかの子どもに深い心理的ダメージを与えている

体罰をする大人の真意が子どもの指導や教育的配慮だとするならば、体罰を見ているほかの子どもたちへの教育的配慮はどうなっているのでしょう。身近な人が怖い思いをしているのを目の前で目撃することで、自分が怖い思いをするのと同等かそれ以上の心理的圧迫を受けることは、国外のDVの研究調査の中でも明らかにされてきました。母親が父親から暴力を受けているのを目にして育った子どもたちは、さまざまな心理的発達上の問題をかかえてしまい、長年その問題で苦しむ人が少なくありません。

体罰を受けている子どもの恐怖はそれを見ている子どもたちにも伝染します。親友がクラブのコーチから殴られているのに何もできない自分への無力感と自責感に襲われます。体罰を受けずにすんでいる自分への罪悪感にさいなまれます。こうした心理的ダメージを体罰の対象の子どものみならず、周りの子どもたちにも与える方法が教育的配慮や指導と呼べるのでしょうか。

6、体罰は時には取り返しのつかない事故を引き起こす

親の体罰で子どもが重傷を負った、教師に殴られて鼓膜が破れてしまったといった事件がときどき報道されます。体罰によってこうした深刻な身体的外傷がもたらされることはまれなことかもしれません。しかし、体力的に、立場的に圧倒的に優位に立つ大人が子どもに体罰を加えるのですから、力あまって事故を起こしてしまう可能性は常に潜在しています。

体罰をする大人は「この子を指導するため」と心から思ってしているよりも、感情の爆発である場合がほとんどです。その感情に正当性があったとしても、爆発する感情のエネルギーをいつも適宜コントロールできると確信できる人はいるのでしょうか。

体罰のつもりで殴ったのに当たり所が悪くて、失明させてしまった親の相談に乗ったことがあります。この家族はこの深刻な結果をこれから一生引き受けていかなければならないのです。そのような危険を冒してまでも、体罰はするに値する「しつけ」や「指導」の方法なのでしょうか。「体罰はよくないが、時には必要だ」という実に多くの人が支持する考えはきっぱり捨てなければなりません。そのように考えているかぎり体罰は決してなくなりません。「どんな時にもしない、させない」と自分に対して決めておくことが肝心です。「児童虐待の防止等に関する法律」の定義の中にも、身体的虐待のひとつとして「繰り返される体罰」を明記する必要があります。

＊石川義之編著『親・教師による体罰の実態』島根大学、一九九八年

＊＊この章は、森田ゆり『子どもと暴力』(岩波現代文庫、二〇一一年)の五章を大幅に引用しています。『体罰と戦争』(かもがわ出版、二〇一九年)では、体罰に代わる一〇のしつけの実践例をあげています。

6　怒りの仮面

本当の感情に向き合う

体罰、虐待を繰り返してしまう親や教師がその言動を止めるための第一ステップは、体罰、虐待は子どもをしつけるためであるよりは、自分のおさえ切れない感情のはけぐちとしてしていることに気がつくことです。

第二ステップは、その感情と向き合うことです。どんな感情の爆発が暴力として子どもに向けれたのでしょうか。次頁図**3**を見ながら虐待を引き起こす怒りの感情を検討してみましょう。

怒りには二つのタイプがあります。一つは不正や不当な扱いは許せないと思うストレートな一次的感情としての怒り。もう一つは、二次的感情としての怒りで、これが虐待に至ってしまう怒りです。怒りは「感情の仮面」であることを、わたしは多くの人の相談を受けるなかで経験してきました。子どもを殴ったり、蹴飛ばしたりしている恐ろしい形相は実は仮面なのです。怒りの仮面をかぶっているので、仮面をちょっとずらしてその裏側をのぞいてみてください。すると、そこには、寂しさ、不安、恐れ、自分への自信のなさ、絶望、見捨てられ不安などのさまざまな感情が詰まっています。実はこれらの感情こそが、自他への攻撃行動を引き起こしている元凶です。虐待、体罰を繰り返す人は「あの子がわたしを怒らせる」とよく言います。しかし本当は、子どもの言動が、大人の怒りを刺激したのではなく、仮面の裏側のさまざまな感情を刺激したのです。その感情はその人の傷つき体験がもたらしたものなので、通常は抑圧されていますがわずかの刺激に反応し膨れ上がります。

DVの加害者もこの同じ心理構造で伴侶《はんりょ》や恋人を虐待します。「お前が俺を怒らすからいけないんだ」と思っているかぎり、攻撃行動を繰り返してしまう自分の本当の感情に向き合うことはないでしょう。仮面の裏側の感情に向き合うのはつらいことですが、そのことなしに虐待や体罰をしてしまう自分を変えることは困難です。

わたしは虐待や体罰がやめられなくて悩んでいる親の回復プログラム「MY TREE ペアレンツ」を開発し、実践を広げています。少人数での一三回のセッションからなるこのプログラムの中でも、怒りの仮面の裏側をみつめる作業をします。

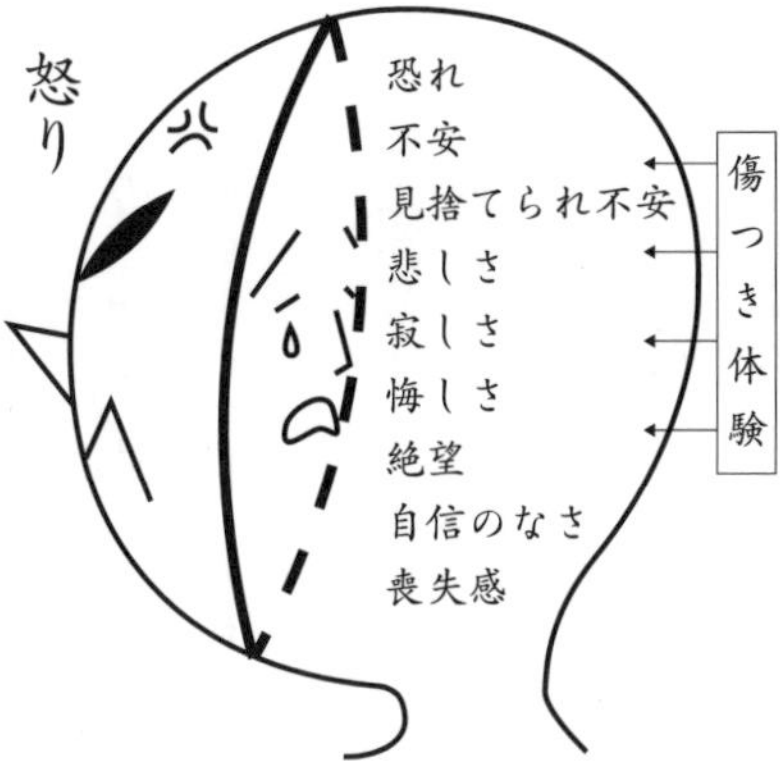

図3 怒りの仮面

子どもを体罰・虐待したときのきっかけは何だったか、ストレス源は何だったか、その時どんな気持ちに支配されたか、激怒のほかにはどんな気持ちが渦巻いていたか、その気持ちからどんな行動に走ったか、すると子どもはどう反応したか、子どもの反応に対して今度はどんな気持ちが起きたか。こうして、虐待がエスカレートするメカニズムに自分で気がつく作業もします。このプログラムについては69ページでさらに説明します。

7　性的虐待の深刻さ

ある近親姦ケースから

一二歳の女子Aさんと母親がわたしのところに相談に来たのは、Aさんが祖父から性的虐待を受けていたことが発覚したことに今後どう向き合えばよいかを話し合うためでした。

母親は三年前から病気で寝たきりのAさんの祖母とその介護をする祖父に食事を届ける手伝いをAさんにしばしば頼んできました。そのつど祖父はAさんに性的な行為を強要し、それは次第にエスカレートしていきました。「誰かに言ったらおまえは施設に入れられる」と脅されていたために、Aさんは誰にも言わず、ただ祖父の家に行きたくないので母の食事を運ぶ仕事を嫌がり、家に帰らないことがふえました。親の手伝いをしないAさんに両親は厳しく対処し、必要以上に祖父母の世話をさせるようになりました。そのうちAさんの万引き行動が始まり、父親からしばしば殴る蹴るの懲罰を受けるようになりました。

学校でCAP（子どもへの暴力防止）プログラムの参加型授業を受けたとき、Aさんは自分の悩みをわかってくれそうな人たちにはじめて出会った気がして、授業の後の短い時間にCAPの人に祖父からの性的虐待を訴えました。

CAPの実践者は子どもが虐待などの暴力被害を訴えてきたときに、どのようにその話を聴き、その後どのように対処するか訓練されているので、落ち着いてAさんに気持ちを語らせた後、Aさんの許可のもと担任教師にその話を伝えました。するとその教師は苦笑して「それは作り話ですよ。注目してほしいんです。男性教師に色目を使うませた子で、親御さんも困っているんですよ」と言い、信じようとしませんでした。CAPの人は時間をかけて教師を説得して、児童相談所にこのケースをつなげました。その後、児童相談所によるかかわりによって両親は「娘は嘘を言っている」という絶対否認の態度から、娘を信じようかという姿勢に変わっていきました。性的虐待だけでなく、両親からの体罰も受けてきたAさんは深い心の傷を行動で示すまでになっていました。

このケースを例に出しながら、性的虐待について基礎的な事柄を考えてみましょう。

発生頻度

性的虐待はたいへん頻繁に起きています。しかし表面化することはまれです。外傷がない、または見えないために第三者からは発見しにくく、被害者の多くは被害を訴えません。二〇〇二年に児童相談所が相談を受けた性的虐待件数は全国で八二〇件で、虐待の四つのタイプのうち最も少ない相談件数となっています。受理件数の少なさに驚きますが、今後、性的虐待への取り組みが進むにつれて、この件数は飛躍的に上昇すると予想できます。どんな行動を性的虐待と呼ぶのかは、17ページの虐待の定義を読んでください。また性的虐待を受けた子どもはどのような症状を示すのかは、75ページを参照してください。

日本では子どもの性的虐待に関する一般人口を対象にした実態調査の積み重ねがないので、数値をあげてその発生頻度を語ることは困難です。ここでは主として国際的な研究の場でしばしば引用される統計数値を使うことにします(Finkelhor et al., 1989, 1990)。

性的虐待は三−四人に一人の女子、五−六人に一人の男子に起きていると言われています。被害者は〇歳から一八歳までのあらゆる年齢に及んでいます。加害者の大半は男性で、女子が被害者の場合は九八%が男性の加害者、男子が被害者の場合も八三%の加害者は男性です。加害者が保護者の場合は六−一六%で、親類縁者の場合は二五%。知らない人の場合は五−一五%。残りは子どもの知っているさまざまな人々です。数値の幅は年齢層による違いです。

児童虐待防止法は虐待の定義として保護者による、という限定を設けているので、児童相談所の対応件数はわずかです。しかし、近年の大幅な刑法改正(二〇一七年の監護者性交等罪の創設と二三年の性交同意年齢の一三歳から一六歳に引き上げ)によって、立件数の増加が予想されます。

数少ない日本の調査では、一般子ども人口を対象にした性被害の頻度を示す報告のひとつに日本性教育協会が一九九九−二〇〇〇年に実施した全国の中学生から大学生五四九二人への調査があります。この調査は中学生以下の子どもが含まれないという限定を持つことを念頭に置いた上で使う必要があります。女子の場合は中学生の四八%、高校生の七一%、大学生の八五%が、男子の中学生の場合は三一%、高校生の場合は三二%、大学生の四八%が性的な被害を受けたと答えています。先に引用した国際レベルでの調査とくらべてはるかに件数が多いのですが、これは、調査に際しての性被害の定義の違いによると推測できます。すなわち先述の調査では身体に対する性的な攻撃を性的虐待と限定して調査しているのに対して、日本の調査では、言葉による性的いやがらせもこの中に含めていることです。

一般人口を対象にした調査ではありませんが、少年院在院者二三五四人に対する被害経験の調査を引用しておきましょう。家族以外の者から性交された(されそうになった)経験のある男子は七・三%、女子は六八・六%で、性的接触を無理強いされた経験のある男子は一七・一%、女子は六九%。家族から性交された(されそうになった)経験のある男子は〇・三%、女子は四・八%で、家族から性的接触を無理強いされた経験のある男子は一・四%、女子は一五・三%となっています(法務総合研究所、二〇〇一年)。

ここで注目したいことは、男子もかなりの頻度で性的虐待にあっている事実です。男子は家庭の外でペドファイル(子どもを対象にした性暴力加害者)の被害にあう割合が女子よりもはるかに高いことを近年の国際レベルの調査は示しています。

深刻なダメージ

性的虐待はたいへん深い心の傷を子どもに残します。その深刻さは人格形成の核心ともなるべき、信頼の心を打ち砕くことにあります。人を信頼することへの恐れと疑い、無力感、自責感と自己嫌悪、そしてセクシュアリティ(性的感情と性的認識)の混乱は、自己イメージと感情表現能力を低下させ、ひいては世界全体への不信感をもたらし、日常生活に大きな支障をきたします。

その身体的影響としてよく見られるものを次にあげました。

自傷、自殺、自殺未遂、薬物などへの依存症。家出、非行、学業不振などの逸脱行動。性化行動、無差別的性行動(たとえば援助交際など)。

性被害その他の暴力や搾取を繰り返し受けやすい。解離、感情鈍磨、外傷性健忘。複雑性ＰＴＳＤ(心的外傷後ストレス障害)恐怖、不安、フラッシュバック、虐待体験の再演。

性的虐待は被害者の内面をしつこく、いつまでも侵食し続け、生きる力のみなもとを奪おうとする残酷な行為です。にもかかわらず、その加害行為をした側の罪意識はたいへん低いのです。「嫌だと言わなかった」「本人も楽しんでいた」「性の喜びを教えてあげた」「思いちがいじゃないのか」「注目してもらいたい子どもが作り出した夢想」とその弁明は果てしなく続きます。

わたしは性的虐待被害者のセラピーを専門にしていますが、加害者と面接することもあります。加害者たちの弁解を聞いていると彼らの作為と意志の後には、加害者の行動に甘く、被害者にはきびしい性差別社会という後ろ盾が見えてきます。わたしたちの社会は性的虐待加害者たちに寛容です。「可愛かったから触ってみたくなっただけだ」と言えば加害行為は「女児へのいたずら」という言葉があるように「いたずら」程度のことと許されてしまいます。逆に被害者たちは「そんな服装をしているから」「ませているから」と果てしない人格非難を受けます。

二〇〇四年現在の日本では、父親その他の同居人による深刻な性的虐待が発覚しても、加害者が逮捕されることはきわめてまれです。Ａさんの場合も警察が介入することはありませんでした。

二〇一七年に刑法一七七条が大幅に改正、施行されました。被害者を女性に限定していた強姦定義が男性の被害も含むようになりました。「監護者わいせつ罪」「監護者性交等罪」が新設され、一八歳未満の者に対し、その監護者がわいせつ行為や性交などをした場合は、暴行または強迫を用いない場合でも「強制わいせつ罪」「強制性交等罪」と同様に処罰されます。二〇二三年のさらなる改正で、一六歳以下の子どもへの性交等は同意の有無にかかわらず「不同意性交等罪」として処罰対象となります。

母親との愛着関係という回復の特効薬

Aさんの教師も親も、最初は、被害者である彼女を責め、加害者の祖父を守ろうとしました。事件の発覚でAさんは信じてくれない周りの大人の態度にさらされ、心の傷をいっそう深めました。三年間も続いた祖父からの性的虐待は、両親とAさんとの関係にも深い亀裂を入れてしまい、父親からの体罰も発生していました。CAPプログラム(30ページ参照)に出会えたことでAさんは自分の力で虐待を止める一歩を踏み出したのですが、もっと早くにAさんの話に耳を傾けてあげる人が周りにいたら、Aさんの心理的被害はずっと小さくてすんだはずです。

しかしこれからでも遅くはありません。Aさんの回復の重要な第一歩となるのは、母親とAさんの関係の修復です。母親がAさんの無条件の愛着対象となることが必要です。そのために、母親は性的虐待が起きていたことに気がつかなかったこと、Aさんを性的虐待から守れなかったことを心から謝る必要があります。Aさんを親のいいつけを守らない問題児ときめつけて体罰を加えてきた父親からの謝罪もAさんの心の傷の回復になくてはならないものです。

性的虐待事件が発覚したら、まずは加害者が子どもに接触できないような措置をとります。性的虐待加害者は常習性が高いので分離することが必要です。次にすることは、なるべく早くに被害を受けた子どもを医者に見せ、同時に、性的虐待被害者の心のケアの経験をつんだカウンセラーについてもらいます。と同時に、被害児を信じ、支持してくれる周りの大人の存在が重要です。とりわけ親が子どもを信じ支持するか否かは、被害児のその後の回復の分かれ目になるといってもよいでしょう。性的虐待の心理的外傷を負った子どもを癒やす特効薬は、母親またはそれに代わる存在に温かく包まれ、保護され、愛されるという愛着体験の持続です。それを可能にするために、母親またはそれに代わる存在への支援が不可欠になります。家族全体を支えるカウンセリングの場が必要です。米国の「ペアレンツ・ユナイテド」のような性的虐待の当事者家族の自助的な回復支援組織が日本にも必要です。

性的虐待の予防

性的虐待を防ぐ最も効果のある方法は、被害にあいそうなとき、何ができるかを子ども、保護者、教職員、保育士たちに教えることです。

先述のCAP(子どもへの暴力防止プログラム)は、幼児から高校生まで、それぞれの発達段階にあった教え方で、寸劇や歌や討議の参加型方法を用いて、子どもたちが性的虐待や誘拐その他の暴力の被害者にも加害者にもならないために何ができるかを教えます。以下はCAPのメッセージを絵本にした拙著『あなたが守るあなたの心・あなたのからだ』(童話館出版、一九九七年)からの引用です。

いざというとき、自分を守るには――**1**、「**いやだ**」「**やめて**」って、**大きな声でいってもいいんだよ。** **2**、**特別な大声を出そう。** でももしかしたら、あまり怖くて、「いや」「やめて」って言えないかもしれない。大声がでないかもしれない。それでもあなたは、悪くないよ。悪いのは、あなたの「安心」「自信」「自由」の大切な権利を取り上げようとした人なのだから。**3**、**走って逃げよう。** こわいこと、いやなことをする人のそばからすぐに立ち去っても失礼じゃないよ。**4**、**信頼できる大人に言おう。** 誰だったらあなたのいうことを信じてわかってくれるかな。信じてくれる人が見つかるまで、いいつづけるんだよ。

性的虐待順応症候群

性的虐待を受けた子どもの訴えを信じて力になろうとする大人が少ないことを子どもは知っています。米国の精神科医ローランド・サミットは一九八三年に「性的虐待順応症候群」を発表して、なぜ性的虐待の被害児が嘘を言っているようにとられるのかを解き明かしました。

「サミットの言う順応症候群とは性的虐待を受けた子どもたちの当然な心理状態を意味する。それは病理症状ではなく、性的虐待に対する被害者のノーマルな心理反応であることをはっきりと認識しておくことが、この理論を理解するポイントになる。症候群は次の五つのカテゴリーに分類される。

1、性的虐待の事実を秘密にしようとする。
2、自分は無力で状況を変えることはできないと思っている。
3、加害者を含めたまわりの大人の期待・要請にあわせよう、順応しようとする。
4、暴行を受けたことを認めたがらない。又は事実関係が矛盾した証言をする。
5、暴行されたと認めたあとでその事実を取り消す。

性的虐待を受けた子どもたちがこの五つの典型的な反応パターンをとるその心理的動機としてサミットはいくつものことに言及しているが、次の三点に要約できると思う。自分が悪かったと思いこんでいる罪悪感、加害者や家族が自分のことで困った立場へ立たされることへの不安。そして性的虐待が実証されてしまったら自分の身はどうなるのだろうという恐れ」

（森田ゆり『子どもへの性的虐待』（岩波新書、二〇〇八年より）

長崎の一二歳少年事件

二〇〇三年七月に長崎市で四歳の男児が性的被害を受けた後に殺害された事件で、一二歳の少年が補導され、日本中に大きな衝撃を与えました。少年は殺した男児以外の複数の子どもにも性的な加害行為をしていたことが報道されました。にわかに少年犯罪がクローズアップされて、子どもの暴力についての論評が盛んに行われました。その多くは「今の子どもはついにここまで来たか」に始まり「子どもに道徳を教えよ」「自由ばかり教えてきた戦後の民主教育の末路だ」の戦後教育批判に展開し「われわれの子どもの頃はこんなことはなかった」の懐古趣味に落ちつくものでした。

今の子どもを憂いて昔を美化する姿勢からは、今に対処する方法は生まれません。そもそも昔はほんとうに良かったのでしょうか。ならばなぜ今、虐待やＤＶや殺人や強姦や、さまざまな暴力をふるうたくさんの大人たちがいるのでしょうか。

長崎の事件はその一般性と特異性をしっかりと分けて考える必要があります。特異性は一二歳の少年が子どもを殺したということです。これはめったに起きる出来事ではありません。何十年に一度起きるか起きないかの特異な出来事を引き合いに出して、「今の子どもは……」と一般化する感情論は、親や教師の不安をやみくもに募らせているだけです。親や教師は無責任な識者、論者がマス・メディアを通してふりまく不安に動揺せずに、まず自分の目の前にいる子どもたちをしっかり見て向き合い、彼らを信じることから出発してください。

この事件の一般性とは、一〇代の少年が子どもに性的な加害行為をして回っていることは、珍しいことではないということです。公園で、駅のトイレで、家の中で、子どもは成人男性による性的被害を受けていますが、一〇代の少年からも性的被害を受けています。

子どもへの性的加害者の四〇－六〇％が一八歳以下の少年であることを示す調査が米国ではいくつも報告されています。成人の性暴力加害者の六〇－八〇％がその最初の加害行動を思春期に始めているという調査報告とも連動して、一〇代の少年の性的加害行動への対応と予防は、九〇年代から国際的な虐待研究分野の主要課題に挙がるようになりました。

性化行動を理解する

子どもが他の子どもに性的加害行動をするのは、過去に性的な被害を受けているからだと八〇年代の米国の虐待専門分野では教えられていました。九〇年代に入って、そう言い切ってしまうことの問題性が指摘されるようになりました。

この問題に関するいくつもの国際レベルでの調査結果を概観した調査によると、他の子どもに性的加害をする思春期の子どもで過去に性的虐待を受けていたのは半数以下(一七―四七%)と報告されています(Cooper, M., & Haynes, 1996)。別の調査は、性的加害をした子どもの約半分が以前に性的虐待を受けており、ほぼ全員がDVの家庭環境に育っていたことを報告しています。

他の子どもに性的加害を加える子どもは、性的虐待被害経験の有無にかかわらず、子どもが学校や家庭でいじめ、身体的、性的、心理的暴力またはセックスの過度な刺激にさらされていると考えるほうが正確です。それはたとえば、家庭で両親間の暴力が絶えない、親の性行動を子どもがしばしば目にしている、ポルノ雑誌やアダルトビデオなどの性的刺激物が家庭環境の中に常にある、などで、子どもの情緒的、身体的、性的な安心と安定の境界線がしばしば侵害されていることです(Gil, E., & Johnson, T. C., 1993)。

子どもが性的被害を受けたために、性的加害行為が始まるのではないかと悩んでいる親の相談をよく受けますが、統計的にはその可能性は低いのです。それより、親が被害を受けた子どもを信じて、気持ちをていねいに聴き、しっかりと受け止めること、子どもの心と身体が安心、安定できる生活環境を保障してあげることがなによりも大切です。その具体的な方法は「10　虐待されている子に出会ったら」を参考にしてください。

性への健康な興味か性化行動か

五歳と六歳の子どもが性器の見せ合いをしている、七歳の子が毎晩ふとんの中でマスターベーションをしている、心配しなくていいのだろうかという親や保育士の相談をよく受けます。

どちらの行動も子どもの健康な性的発達の範囲内なので心配はいりません。子どもも性的な存在です。特に四―七歳ぐらいの年齢では性器への関心を持つ子どもは少なくありません。お医者さんごっこもマスターベーションも、健康な子どもの性行動です。健康な子どもの性行動に周りの大人が否定的に反応していると、子どもは性に関するあらゆることは悪いことだと否定的認識を強め、性への関心や出来事は秘密にしなければならないと思ってしまいます。

一方、心配する必要のある性的な行動を子どもが示すこともあります。その子の強い不安やストレスの表れである場合と、その行動が他の子どもへの加害行為になっている場合です。

健康な性行動と心配を要する性行動を見分ける基準をわたしは次の四つの項目に分けています。子どもにかかわる心理、医療、福祉、教育の現場の専門職へのわたしの研修では、この四つの基準を使って、例を挙げながらそれぞれの場合の対応の具体的方法を学んでもらうのですが、ここでは、ごく簡単に基準だけを説明します。

四つの基準

①力関係、②頻度・関心度、③内容、④感情

たとえば、子どもどうしで性器の見せ合いをしているようだが、放っておいてよいのかどうかと思うとき、まずこの四つのことをチェックしてください。

①**力関係の差があるかどうか**　年齢差、体格の差、人数などいずれも力関係の差です。知的な障害のある子どもに対しても力関係の差があることがあります。脅し、買収、だましなどが伴うかどうか、秘密を守ることを強いられているかどうかも力関係の差を示す目安です。幼児の場合、「これをしないと、もう遊んであげないよ」と言うだけでも充分な脅しになります。

②**頻度・関心度**　その行動が一度だけなのか、何度も繰り返されているのか。健康な子どもの性的関心は散発的です。性器いじりは健康な子どもの場合でもくせになることがありますが、それを他の子どもに見せる、させるなどが繰り返される場合は、心配してください。

③**内容**　たとえば相手の性器を見る行為と、相手の性器の中に物を押し込む行為とでは大きな違いがあります。性交やオーラルセックスなど、大人の性行為の模倣が見られる場合、動物への性的な攻撃が見られる場合、サディスティックな性行為についての言動が見られる場合は即座に対応が必要です。また、大人に自分の性器に触らせようとしたり、大人に性的な行為を求めてくる場合も、健康な性行動の範疇《はんちゅう》ではないので、対応が必要です。

④**感情**　性的な行動に、恐れ、不安、怒り、攻撃性などが伴っている場合、その行為をすることを一方が嫌がっている場合、対応が必要です。

たとえばあなたが子どもの部屋に入って行ったら、六歳と五歳の兄弟が互いの性器を見せ合っていたとしましょう。そんなとき「何やってるの!!」と怒鳴りつけたい驚きと混乱の気持ちをおさえて、この四つの基準を思い出しながらつとめて穏やかに対応してください。この場合は①以外の基準は見ただけではわかりませんので、二人から別々に話を聞く必要があります。「前にもしたことがあるの?」「お兄ちゃんは何て言うの?」などと聞き、①以外の基準に関してはすべて問題がない場合は、健康な性への関心の範疇とみなしてよいでしょう。「そこはとても大事な所だから、誰にも触らせないで、しまっておこうね」と言って終わりにしましょう。

一方、対応が必要なときはこんな場合です。これは米国でかかわったケースですが、五歳の男子Aは保育園のお昼寝時間に一人だけ眠れません。保育士が部屋からいなくなると、起きあがって他の子どもたちのパンツの中に手を入れるという行為を繰り返していました。保育士が見つけて止めさせたのですが、しばらくするとまた同じことをします。

保育士は、四つの基準のうち、①起きている子が寝ている子に対してするという力関係の違い、②頻度、の二つに問題を感じ、保育園に回診に来た医者にAを診せたところ、Aくんに性病がみつかりました。Aくんに話を聞いたところ、一二歳の兄から性的な行為をさせられていたことがわかり、すると今度は兄は誰から性病をもらったのかと、芋づる式に近所に住む知り合いの成人男性から兄が何度も性的被害を受けていたことが発覚しました。成人男性には法的な対処がとられ、兄弟と親には性的被害の治療のできるセラピストがつきました。しかし、性犯罪被害者への援助体制が不備な日本では、性的虐待が発見された後の対応が大きな課題です。

8　ＤＶ環境が及ぼす影響

忘れられた被害者

ＤＶの起きている家庭に住む子どもたちは忘れられた被害者です。妻や恋人に暴力をふるう人たちは、その家庭に同居する子どもたちにも深刻なダメージを与えています。にもかかわらず、その子どもたちに援助の手が差し伸べられることはまれです。置き去りにされ、忘れられた被害者たちはその後何年も暴力の後遺症に苦しむのです。

ＤＶ加害者の半数以上が妻や恋人だけでなくその子どもにも暴力をふるっています。また加害者が子どもには暴力をふるわなかったとしても、夫婦間暴力を頻繁に目撃する恐怖や極度の緊張とストレスが子どもたちに与える心理的ダメージは、はかりしれません。前章でも、ＤＶの環境が子どもの性化行動の背景の一つであることに触れました。

「児童虐待防止に関する法律」の改正(二〇〇四年)では、配偶者間の暴力環境そのものが子どもへの心理的虐待であることが明記されました。さらに「配偶者からの暴力の防止及び被害者の保護に関する法律」の改正(二〇〇四年)によって、接近禁止命令の対象が被害者に限らず、被害者の子どもにも適用されることになりました。ＤＶの起きている家庭に育つ子どもたちの被害の闇に少しだけ光が当たることになりました。

被害の三つの類型

子どもがＤＶによって受ける被害は次の三つの形態に分類できます。

1　加害者が妻や恋人に暴力をふるうと同時に、子どもにも暴力をふるう場合。暴力は身体的虐待にとどまらず、性的虐待、深刻なネグレクト、深刻な心理的虐待も含みます。

2　ＤＶの被害者が、自分の受けている暴力がもたらした極度のストレスや心的外傷の結果として、子どもを虐待する場合。子どもを身体的に虐待、またはネグレクトする母親の中には夫から暴力を受けている人が少なくありません。夫からセックスの強制や怒鳴る、脅すなどを頻繁に受けているストレスを、子どもに暴力でぶつけている場合もあります。暴力を受けていることで、子どもの基本的なニーズに応えることもできなくなり、いっさいの世話を放棄している場合もあります。夫による子どもへの暴力を止められない場合もあります。

3　子どもは身体的危害は受けていないが、ＤＶを目撃していることで深刻な心理的ダメージを受けている場合。母親が夫の暴力から逃れるために、子どもを置いて家を出た、母親が暴力被害で長期入院した、危害を恐れて子どもを実家や施設にあずけた、母親が子どもを連れてＤＶ加害者から逃避行を続けたために、転居、不登校、転校を繰り返さなければならなかったなど、生活環境と家族関係が一定しないために子どもは深刻な情緒不安や適応障害におちいることもあります。

発達別のＤＶ被害の影響

●乳幼児期

この時期の子どもたちが健康に成長するために不可欠なことは、**情緒的愛着体験**です。と同時にそれを保障する安定した人間関係と生活環境です。

最も身近な保護者から、抱いてもらい、ほおずりをしてもらい、笑いかけてもらい、一緒に添い寝をしてもらう。こうした身体的、かつ心理的愛着体験によって、子どもは自分を受け入れてくれる他者への**基本的信頼**を育てます。自分は他者から愛され、尊重されるべき大切な存在なのだとの自尊感情（セルフ・エスティーム）の芽を伸ばし始めます。世界は信頼するに足るところなのだと感じ、その世界に踏み出して他者とかかわることに興味をもち始めます。ＤＶの家庭に住む子どもたちは、この愛着体験が希薄になります。自分を無条件に受け入れてくれる人との基本的信頼関係の不在によって、子どもは自我の核心を形成することを阻まれてしまいます。その結果、自分の興味関心を深めたり、自分の考えを実行したり、自分から外の世界に積極的に関ろうとする自律性や自発性の形成ができなくなってしまいます。

幼児は親に「いや！」を連発することで、親と一体化した関係から少しずつ自分を自立させていきます。しかし、ＤＶの家庭にはこうした乳幼児の発達にとって不可欠な親子の関係が存在しないことがしばしばです。

家庭内で起きる暴力は家族全員に極度の恐怖と緊張を強いるため、子どもは情緒的不安を高め、爪《つめ》をかむ、吐く、震え、夜尿などの身体症状を示しがちです。

● 学童期

この時期の子どもたちは、自分を受け入れてくれる保護者との信頼関係を核にして、自分の関心や能力を大きく伸ばします。

しかしDVの家庭の子どもたちは親との信頼関係を築けないでいます。加害者がいつ暴力をふるうのかわからないため、子どもはいつその時がくるかを恐れてびくびくしています。子どもたちは日常化する不安定さから自分を守るために、自分のカラの中に閉じこもってしまうこともあります。家庭でのあまりに大きな不安や心配事ゆえに、子どもは学校の勉強に集中することができません。授業中ぼんやりしていたり、学業がふるわなくなることがよく起こります。逆に家庭の問題から逃れるために、勉強に励み、完璧《かんぺき》な優等生として振る舞うこともあります。徘徊や非行を繰り返す子もいます。

DVが起こるのは自分が悪いからだと、多くのDVの家庭の子どもたちは考えています。加害者がそのように子どもに言うこともあります。言わない場合も、子どもたちの罪悪感と自責感は相当なものです。自分を受け入れられず、不快な感情をすべて抑圧しているので、他の子どもをいじめたり、攻撃的になったり、自虐的な行為をしたりすることはよくあります。

学童期の子どもたちは友だちをつくりその関係を育てるなかで健康な発達を経験します。しかし、DVの家庭の子どもたちは孤立を強いられています。自分の家庭の異常さを誰にも気づかれまいとして、友だちをつくることを避けます。家に友だちを連れてくることもできません。学童期の子どもたちは自分の興味あることに熱中し、よく遊ぶことで、創造力を伸ばします。

しかしＤＶの家庭の子どもたちは、自分の興味を追いかけるよりも、傷ついた母親の世話をしたり、傷つける父親の機嫌をうかがうことに大忙しです。子どもであることを許されていません。父親から、母親の行動を細かく観察、報告することを強いられていることもあります。悪いのは父を怒らせる母だと子どもが母親への否定的な感情をつのらせることもあります。

●思春期

この時期の子どもたちは、自分で考え、選択し、自分で責任をとっていくことを学びながら自我の確立を果たしていきます。しかしＤＶの環境は思春期の子どもたちの発達を妨害します。自責感や罪悪感にさいなまれるＤＶの起きている家庭の子どもたちは、自分を尊重することが困難です。自分に自信を持つことができません。自分は人から尊重されるべき大切な存在だとの自覚を持つことができません。自我の確立がきわめて困難になります。

ＤＶの家庭の子どもたちはしばしば家庭の中の唯一の保護者としての役割を果たそうとします。母親を守ろうとして、加害者に立ち向かうこともあります。その結果、暴力被害を受けてしまうことがあります。父親を殺してしまったケースも日本で起きています。父親が怒りだして暴力的にならないようにと、父親の心理状態や一挙一動に敏感に反応します。父親の暴力が収まることを願って父親からの性的な要求を受け入れていることもあります。けがをした母親をいたわり、鬱《うつ》状態の母親を慰めます。年下の妹や弟がいる場合は、その妹弟を暴力から守ろうと母親役を果たそうとします。逆に母親への反感や嫌悪感を募らせて、母親に暴言を吐いたり、侮蔑したり、無視したり、時には母親に暴力をふるうこともあります。

このようなことに全エネルギーをとられてしまうため、彼らはティーン時代にするべきことをする余裕がありません。すなわち、友人仲間をつくり、自分を試し、冒険や夢にチャレンジすることを阻まれています。自責感はいっそう強くなり、このくらいのことは自分に達成できると思える自己効力感が持てません。家庭の中に安心がないため、家庭の外に帰属できる場を求め、それが非行グループやカルトなどに入るきっかけとなることもあります。

ティーンエイジャーの中には、恋人を持つと、自分が見てきた親たちのＤＶ関係を自分と恋人との間で繰り返すこともあります。すなわち相手をコントロールしようとして暴力をふるったり、自分をコントロールしようとする相手の暴力を受け入れてしまうのです。

日本の中高生向けに筆者が開発した暴力防止プログラムでは、ＤＶ、デートレイプなどの暴力に直面した時にどうするかを話し合うワークショップを学校の授業時間に学級単位で行っています。寸劇などを使って、人権意識、ジェンダー社会、自己効力感について学び、気持ちを語り・聴くスキルを手にします。

人類が有史以来長く引き継いできた女性と子どもに対する暴力連鎖の歴史は、わたしたちの世代で終わりにしたいものです。そのためには次の世代に期待をかけて、子どもたち若者たちに暴力の問題を解決する努力を引き継いでいってもらわなければなりません。

＊この章は、森田ゆり『ドメスティック・バイオレンス』(小学館文庫、二〇二〇年改訂版)九章を一部引用しました。

9 虐待に対応する四つの分野

一軒の家にたとえると

子どもの虐待問題に対応する取り組みは、虐待の発生予防にはじまり、親による虐待の場合は子どもの自立に至るまでの総合的な支援体制を必要とします。この取り組み全体をひとつの家にたとえるならば、この家には四つの役割を持つ部屋があります。表紙裏の家の図を見てください。法律とはこの家の柱で、法律の理念はこの家の土台となります。

子どもの虐待問題に対応する主要な法律は、児童福祉法と児童虐待防止法、刑法、民法などです。そのほかにも国連の子どもの権利条約(国連採択一九八九年、日本の批准一九九四年)や日本国憲法も、虐待対応の理念を支える法律として重要です。

児童虐待防止法の改正

二〇〇〇年五月に児童虐待の防止等に関する法律(以下、児童虐待防止法と略す)が制定されました。

新法は虐待の禁止を明文化したこと、虐待の被害者、加害者への行政レベルでの援助が不可欠であるという現実を受けとめた点では評価できましたが、すでに実施されている取り組みに対しての指針を述べたにすぎない点が多く、被虐待児およびその家族への援助が困難だった今までの問題点を抜本的に解決するための法的バックアップとなる部分は明記されませんでした。先の家のたとえで言うならば、法律という家の柱が二―三本前のほうに立っただけだったと言えます。加えて、法の理念が明記されず、家の土台がないまま柱を立てようとした成立でした。

以来四年間、現場の人々や市民が改正を声を大にして要望し、その声を国会議員や政府に届ける動きが活発になりました。その努力の結果、二〇〇四年に大幅な改正が行われました。

第一条の目的に「子どもの人権」と「子どもの自立支援」という法の理念が明記され、家の土台ができました。子ども虐待とは子どもに対する力の濫用で、身体的社会的に力の優位に立つ大人が、子どもを人として尊重しない、すなわち人権を侵す行為です。子どもの人権を擁護するという理念がこの法律には明記されなければならなかったのです。

第二条の虐待の定義には、同居人による暴力を保護者が放置することもネグレクトとするとし、また心理的虐待の定義が「著しい暴言又は著しく拒絶的な対応」と「家庭における配偶者に対する暴力」と具体的に明記されました。

学校の予防啓発と研修の責任

第四条の「国及び地方公共団体の責務等」に具体的な責務の内容が明記されたことで、家の各部屋の柱が何本か立ちました。中でも「学校」は、一度しか明記されていなかったその言葉が改正によって七回も登場するほどになり、児童福祉施設とともに学校の予防啓発と研修の責任が強調されました。

「2　公衆衛生の問題」で述べたように、子どもの虐待とDV問題を公衆衛生の視点から捉えることは、地域ぐるみでの予防対策が不可欠であることを明らかにします。国際的にも高い評価を得ている日本の公衆衛生施策の対象を、疾病予防と健康管理にとどめずに、子どもの虐待とDVの予防にひろげることが求められているのです。

改正児童虐待防止法の五条3では「学校及び児童福祉施設は、児童及び保護者に対して、児童虐待の防止のための教育又は啓発に努めなければならない」という新条文が定められました。これは、まだ法案の段階では「CAPプログラムなどを想定」という説明文が書かれていました(与党調整案より)。

型にはまった虐待の講義や法律の説明をして専門職研修としてしまうのではなく、参加者一人一人が虐待予防にできることを考える研修、参加者が使える方法を学べる実効性のある研修が実施されなければなりません。地域で活動実績を持つ虐待防止センターやCAPプログラムなどの市民団体に研修を依頼することで、学校や保育所は閉鎖的にならずに、地域と連携して問題に対応する姿勢を持つことができるでしょう。

次ページの**図4**は、学校、保育所を場にして、教職員と保護者と地域コミュニティが一体となって子どもを守る予防教育のあり方を図示したものです。

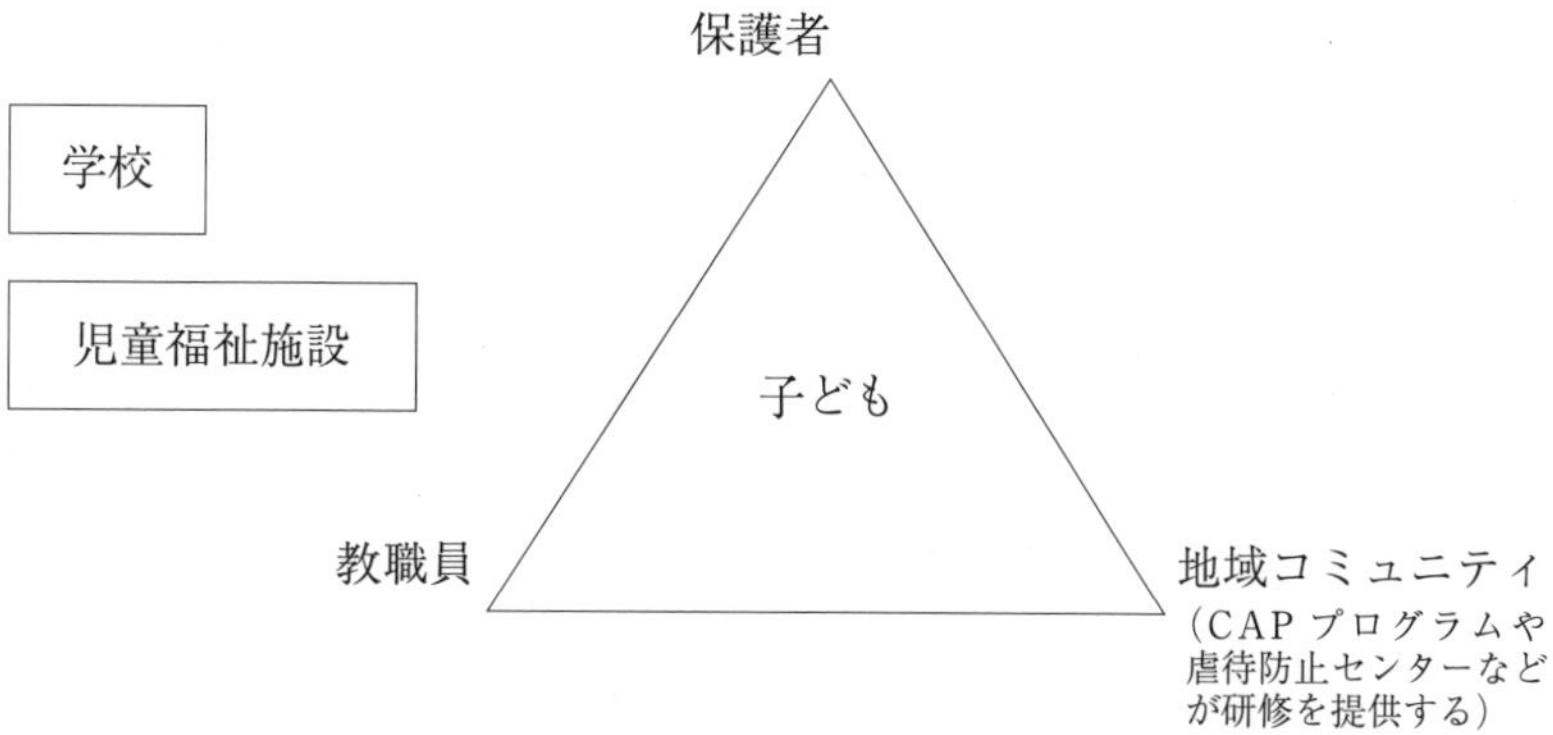

図 4　子どもを守る予防教育のあり方

研修内容は次のようなものをふくむことが望ましい。

【教職員へ】 気づきと知識とスキルの提供——通告とは「虐待かな？　と疑いのある子どもがいるので，行って調べて，必要な援助をしてください」と，児童相談所にお願いすることにほかならない。まずこのことをしっかりと周知させる。改正児童虐待防止法でも明記された。同時に学校内の危機管理体制づくりの一環として，虐待が疑われるケースが出てきたときに即対応する委員会を設置し，通告責任者を決めておく必要がある。早期発見に関して最低限必要な知識を学ぶにとどまらず，通告した先が動かない場合はどうするか，子どもの生きる力としての人権の理解，子どもの虐待と DV の SOS のサイン，虐待が疑われる子どもと話す方法，発覚を恐れている子どもの話を聴く方法，効果的な言葉かけ，言ってはいけないこと，してはいけないことなど。

【子どもへ】 生きる力としての人権を教え，自己尊重の心を育てる。改正児童虐待防止法は「児童の人権」の啓発を定めている。啓発教育では，親からの虐待に限定することなく，いじめ，体罰，性被害などあらゆる暴力被害として取り上げることが重要。虐待やその他の暴力にあいそうになったら，どうしたらよいか(大人に相談することの大切さ，相談する方法，「いや」と言う，逃げることの大切さなどの選択肢)，友だちのためには何ができるかを考え，練習させる。

【保護者へ】 気づきと知識とスキルの提供——生きる力としての子どもの人権，子どもの虐待と DV，性的被害の SOS のサイン，虐待を発見したときどうするか，効果的な言葉かけ，言ってはいけないこと，通告とは何か，通告先が動かない場合はどうするか，子どもの話を聴く方法など。

川のお話

次の話をたとえに、子どもの虐待問題への対応のあり方について考えてみましょう。

昔、ある村に大きな川が流れていました。川原では毎日村人たちが洗濯をしたり、おしゃべりをしたりしていました。ある日いつものように村人が洗濯をしていたとき、一人が叫び声をあげました。「たいへんだ。子どもが流されていく」。見ると、子どもが急流にのまれていきます。「あ、もう一人いる」別の人が言いました。

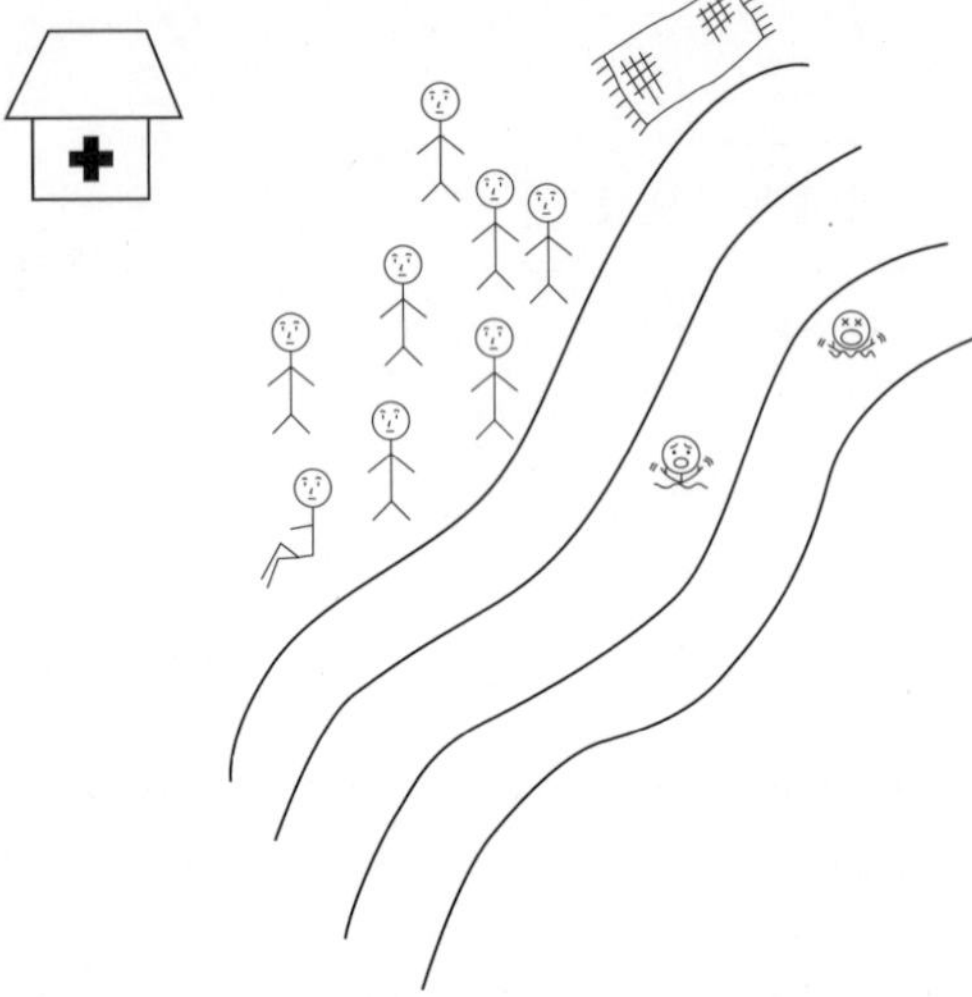

人びとは救出しようとしましたが、あまりに急なことでなすすべもなく、二人の子どもを失ってしまいました。

それから数日後、また子どもが流されたのです。今回は一人が川に飛び込んで無事子どもを救出しました。川からひきあげるとすぐに川原の毛布の上で心臓マッサージなど応急手当をしてから診療所へ送りました。村人たちは、今後このようなことを防ぐにはどうしたらよいかを話し合う寄り合いを持ちました。「子どもたちに川に近寄らないように言おう」「川をサクで閉じてしまおう」。いろんな意見がでました。最後に一人が言いました。「今までこの村では子どもたちに泳ぎを教えてこなかった。子どもたちに泳ぎを教えることこそ、今もっとも必要なことです。大人も泳ぎを知らなかったら、助けることもできない。わたしたち大人も泳ぎを習わなければならない」

みなその意見に同意し、子どもたち、大人たちに泳ぎを教えることにしたのでした。

先述した表紙裏の家の四つの対応分野のうち、介入分野の仕事はこのお話のどの行為にあたるでしょうか？　治療分野の仕事は村人のとったどの行為にあたるでしょうか？

いうまでもなく介入分野は川に飛び込んで子どもを救出し、川原で応急手当をした行為にあたります。救った子を診療所に連れて行った行為は治療分野の仕事です。では防止分野はどの行為にあたるのでしょう？

子どもたちに泳ぎを教えることです。

虐待のない社会をつくるためには、子どものときからの予防教育の徹底が効果的でかつコストがかからない対策です。子どもは自分の身を守るために大人の力を借りなければなりません。子どもが相談して聴いてくれる大人を子どもの周りに増やしていかなければなりません。子どもに予防教育をするためには、同時に子どもの周りの大人たちにも、どう子どもの話を聴くかを教える研修がなされなければならないのです。

学校で毎年健康診断を行って病気の発生を抑えているのと同じように、学校を場にして、子どもの人権感覚を育てながら、虐待や暴力から身を守るための教育プログラムを日本中のすべての子ども、教職員、保護者に提供することは虐待防止に具体的な効果を発揮することでしょう。

介入と治療——限られた司法関与の問題

親による深刻な虐待のケースに介入し、被虐待児を救出する効果的な法制度の柱を立てることは、二〇〇四年の法改正では見送られました。

虐待の通告があっても、児童相談所による立ち入り調査に対して、親が鍵を閉めてかかわりを拒否してしまうと、立ち往生してしまいます。生命の危険が子どもに迫っているかどうかわからない段階で警察が実力で立ち入ることはできません。この状況を打開するには、単に警察の介入を強化するのではなく、裁判所が迅速に審査し、司法命令のもとで警察力を用いることができるように法改正をしなければなりません。

加えて、在宅援助では子どもの身を守れないかもしれないケースに対しては、親子分離、親の更正回復プログラム受講命令、親子再統合の判断に至るまでを、裁判所が迅速に判断を下すことを法制化することが必要です。

〈親の重篤な虐待を受けている子どもの監護権を一時的に国または地方自治体があずかる→すなわち親子分離〉+〈虐待している親に回復ケア受講命令を出す→すなわち親の更正〉+〈家族再統合の基準を設定し判断する→すなわち措置解除の基準と判定〉

この三つを裁判所の判断で行うシステムは、深刻なケースの場合被虐待児の救出のみならず、その後の被虐待児へのケア、親へのケアを実現するために不可欠です。こうした判定は児童相談所がするのではなく、裁判所が迅速に判断しなければならず、児童相談所はその判断結果をコーディネート、モニター、フォローする役割を果たします。

裁判所の関与によるこのシステムがないということは、現場でのさまざまな試みと努力を積み重ねていく柱がないことです。虐待する親の更正回復のためのケアがないことが指摘されて久しいのですが、ケアがないひとつの理由は、司法が関与する法的枠組みがないため虐待する親にケアを受けることを義務づけられないからです。児童相談所でも児童養護施設でも、熱心な職員は、心身をすりへらして、工夫をこらして一つ一つのケースに対処しています。柱の立っていない家の部屋の中で行われている現場の努力は、一〇年後、二〇年後に引き継いでいくべき経験の積み上げにはなりません。当然司法が判断を下すべき重大要件を、一行政機関である児童相談所に判断し執行することを押し付けてきた日本の児童福祉体制は、国際的にもその不充分さが際立ちます。

MY TREE ペアレンツ・プログラム

虐待する親の更正回復のためのケアがないもうひとつの理由は、ケアの方法を実践化したモデルが不在だからです。

全国の児童相談所が扱う虐待相談は家族からもたらされるものが最も多く、その九〇%近くが母親本人からです。虐待する、あるいはしそうな母親がみずから相談に来ているのです。児童虐待防止法には「虐待を行った保護者への指導」が明記されているのですが、虐待をしてしまう親たちの行動と親子関係のゆがみは、指導というお咎めやお説教ではいっそう悪くなることはあっても好転することはありえません。

一時保護から親子再統合に至るまでの一連のステップを裁判所の判断のもとで進める法制化の必要を求め続けると同時に、虐待する親への治療教育的回復プログラムを各地で実践し、その方法論と経験のノウハウを蓄積していくことが急務です。

わたしは子どもを虐待してしまう親、子どもの心とからだにダメージを与えていると感じている親たちの回復支援「MY TREE ペアレンツ・プログラム」を開発し、二〇〇一年から、その実践を広げています。これは虐待やＤＶによって、親子分離中、在宅支援中の親のための援助でもあります。

グループのエンパワメントの力を活用したこのプログラムは、その達成目標を**セルフケアと問題解決**に置いています。身体、感情、認知、行動のすべてを総合的に使うホーリスティックなアプローチと、「4　エンパワメントとレジリアンス」の考え方の実践であることが特徴です。

このプログラムは少人数での一三回の会合のなかで、〈まなびのワーク〉と〈じぶんをトーク〉と〈個別フォロータイム〉をとおして、自分と子どもの未知の部分を発見し、自己肯定感や自己効力感を高めます。瞑想による身体のリラクゼーション、コミュニケーションのスキル、感情のコントロール法などを学ぶことによって、暴力を用いない子どもとの関係づくりを練習します。

〈まなびのワーク〉の内容の例は、安心な出会いの場(目的、約束事、身体ほぐし、瞑想・呼吸法、わたしの木、Ｉメッセージ)／わたしのエンパワメント／怒りの仮面／怒りのコントロール法／気持ちを聴く、語る練習／体罰の六つの問題／体罰に代わる一〇のしつけの方法／自己肯定感——否定的ひとりごとの掃除／自分をほめる練習、ほめられる練習、子どもをほめる練習／伴侶との関係——母親らしさ父親らしさについて考える／自分の発見、子どもの発見／三か月後六か月後の再会などです。本書四一ページの怒りの仮面の図は、このプログラムのために考えたものです。

実践者は、臨床心理士、元児童相談所所長、看護師、保健師、ソーシャルワーカー、相談員、子育て支援リーダーなどとして、虐待のケースに長年携わってきたそれぞれの経験に加えて、このプログラムの実践のために必要な八四時間の研修を修了しています。また参加者の語りに対して適切なコメントや助言を返す訓練とスーパーヴィジョン(監督指導)を受けています。

各地の児童相談所を中心に、病院、家庭児童相談室、児童家庭支援センター、児童養護施設、NPO団体などが、地域の福祉行政や虐待対策事業、子育て支援事業などのネットワークと連携しながら実施しています。

終了後も、自分で使っていけるツールやスキルをいくつも手渡しています。中でも、呼吸法、動く瞑想、コミュニケーションのスキル、木のシンボル、怒りの仮面、怒りのコントロール法などのソマティックアプローチ(身体から)は、プログラム終了後も続けていけるものです。参加者が共通して報告していることは、子どもに体罰、暴力を振るわなくなったということでした。途中の脱落者の数は少なく、遠方から時間をかけて参加する人も少なくありません。参加者はこんな感想を書いています。

・安心の場があったこと。誰も自分の立場を理解してくれる人なんかいないと思い、いちばんいとおしいはずの子どもにストレスのほこさきを向け、必要以上に叩いたり、蹴ったりしていました。今の社会「人に弱みを見せるのは負け」的な風潮です。この場があったお陰で堂々と弱みを見せられて、何だかとてもホッとしました。

・自分の心と身体を傷つけることはないんだと思った。他の誰とも比較することはないんだと思ったら、すごく気が楽になりました。自分を見下すことはもうやめようと思える。

・呼吸法やメディテーションその他のワークを通して「自分」について考えるようになり「気」を感じたりすることで自分の持つパワーに少し触れられた。人と人のつながりの大切さに気づいた。もっと自分を大切に人も大切にと考えるようになった。

・自分の意見を聞いてもらったり、アドバイスをいただいたり、人の話を聞いて擬似体験をしたり、子どもに対する態度や言葉のかけ方を学んだりと、中身の濃いミーティングでした。

・楽してもいいんだ。子育てでも、それ以外でも苦しかったら人の助けを借りてもいいんだということをしっかり学んだ。

・わたしがここまでやってこられたのは、素性を明かさない一二人の不思議な仲間たちとの出会いのおかげです。友だちにはならないタイプの人たち、また会うこともないだろう人たちとの学びと語りから得たことに今も助けられています。

10　虐待されている子に出会ったら――あなたにもできる心の手当て

ガイドライン

虐待を受けた子どもの人生の岐路となるのは、なるべく早くに、しっかり聴いてくれる人、援助をしてくれる人に出会えたか否かです。彼らの多くはそのような人に出会うことがないまま、深い心の傷をかかえて大人になってしまいます。被虐待児の多くは自分から訴えないので、周りの大人が虐待に気がつく目をもたなければなりません。虐待された子に出会ったら、何ができるのか、何ができないのか、このブックレットの旧版に書いたガイドラインに少し加筆しました。

虐待の兆候

教育や福祉の現場研修ではよく、虐待のサインの知識が教えられていますが、虐待の早期発見に最も重要なことは、次に述べるようなサインをたくさん覚えていることではありません。必要なことは、いつもと違う、何かおかしいなと思ったときに、どう子どもに声をかけ、どう話を聴き、それからどこへ相談するのかという、**コミュニケーションの力**です。

被虐待児に共通に見られる身体的、行動上の兆候があることは事実です。しかし虐待を受けた子どもが示す兆候は多様なので虐待のサインの知識にこだわっていると、逆に知識があることで虐待を見逃すことになります。

虐待の最もわかりやすいサインは二つです。

・子どもの様子が今までと大きく違う。「あれ、どうしたんだろう」と思ったとき

・子どもが虐待かなと思うようなことを言った。「まさか、でも」と思ったとき

もう少し詳しく言えば、子どもが次のような兆候を急に示すようになったり、今までとは極端に異なった行動を示すようになったら、虐待あるいは、いじめ、性被害、暴力の被害にあった可能性がなきにしもあらずなので、子どもの行動、態度に注意を払い、さらに必要を感じたら子どもと話をする必要があります。なお、ここでの虐待は保護者からの暴力に限りません。

〈すべてのタイプの虐待〉

＊挑発的、攻撃的な言動が多い。

＊へばりつくようにしてくる。

＊心を閉じて人を寄せつけない。

＊おびえている。緊張度がきわめて高い。

＊感情表現が乏しい。

＊親や周りの大人の言動に過敏に反応する、顔色をうかがう。

＊服を脱ぐことを極端にいやがる。

＊自傷行為(たとえば自分を刃物などで傷つけたり、頭を壁に打ち付けたりする)。

＊過食、拒食。

＊徘徊、家出、不登校、万引き、虚言、薬物使用、自殺未遂、テレクラ、援助交際など、大人の目からは不良行為、非行、問題行動と見られる行動。

〈身体的虐待〉　右記の〈すべてのタイプの虐待〉の兆候に加えて、

＊低身長などの発育不良。
＊説明の充分につかない骨折、あざ、やけど(たばこ、アイロン)。
＊顔のけが(目の周りのあざ、折れた歯、ふくれあがったくちびる)。
＊これらの身体的けがが繰り返し起きている。新旧混在する傷跡。

〈性的虐待〉　右記の〈すべてのタイプの虐待〉の兆候に加えて、

＊急に性器への関心を見せるようになった。
＊急に自慰行為や他の子どもの性器にさわろうとするようになった。
＊性病に感染している。
＊周囲の大人に性的な行為を求める。
＊年齢に不釣り合いな性器やセックスに関する知識をもっている。
＊服を不必要に着込む。
＊特定の場所に行きたがらない。特定の人に会いたがらない。
＊性器(肛門も含めて)に外傷がある。排泄行為に痛みが伴う。
＊下腹部の痛み。

〈養育の放棄、怠慢〉　前頁の〈すべてのタイプの虐待〉の兆候に加えて、

＊無気力。
＊体重、身長などの身体的成長が異常に遅い。
＊ガツガツ食べる。隠れて食べる。
＊体、服がいつも著しく汚い。
＊必要な医療ケアがなされていない。

虐待を受けた子どもの典型的な心理パターン

次の被虐待児の心理パターンは身体的、性的、心理的虐待のいずれにも共通するものです。

①多くの被虐待児は自分から虐待されたことを言おうとしません。暴力の存否を聞いても否定することのほうが多く、また虐待されたと認めた後でその事実を取り消す子どももいます。

②自分が虐待を受けていると思っていない子どもも少なくありません。

③被虐待児はしばしば加害者を守ろうとします。それは加害者への恐れに起因していることもあれば、加害者を困らせたくないと思っていたり、ひどい暴力をふるう人であっても、物を買ってくれたり、やさしいときもある大切な人であるからです。特に加害者が親の場合は、たとえむごい虐待をする親であっても、多くの子どもはその親を慕っています。

④被虐待児は自分が悪かったと思っています。虐待を受けたのは自分が騒がしくしたから、自分が余計なことを言ったから、自分の帰りが遅れたから、自分がはっきり「やめて」と言えなかったから、自分が美しくないから、等々ありとあらゆる理由をもって自分のせいだと思って

います。特に虐待者が親の場合、親の問題を子どもは解決しようがないので、自分が良い子になれば……と思うことで絶望から逃れようとしているのです。

⑤ 暴力は人を無力化します。幼児に限らず、年齢の大きな子どもでも、大人でも、暴力を繰り返し受けていると、その暴力を拒否したり、逃げる力を奪われてしまいます。虐待を受けた子どもたちは、虐待されない生活が可能だと思えないでいます。

⑥ 子どもの話の事実関係が矛盾していることがよくあります。

⑦ 被虐待児はあなたの助けをひたすら待ち望んでいる弱々しい子どもであることはまれです。彼らはあなたの助けをふてぶてしく拒否したり、人をばかにするような態度をとったりして、人を怒らせる対人関係をとりがちです。

⑧ 被虐待児を援助、救出しようと多大なエネルギーを費やしても、その子どもから嫌がられ、拒否され、時には攻撃されることもありうることを覚悟しておいてください。

被虐待児との対話の技法

子どもの虐待を疑ったら、虐待を受けた子どもの心理を念頭に置きながら、次のガイドラインにそって子どもの話を聴いてください。これは治療的なカウンセリングではありません。目的も方法もちがいます。虐待を受けている子どもに最初に出会った人が、子どもの話をしっかりと聴くことで、人の力を借りようと思えるように働きかけることであり、長期的な対応をしてくれる機関につなげることです。事故でけがした子どもを病院に送る前にまずは簡単な応急処置をほどこすように、虐待で傷ついた子どもの心の応急手当てです。

学校の教職員、児童福祉施設職員、保健師、医療関係者、弁護士、民生児童委員、保護士、CAPプログラムなど子どもの虐待にかかわる市民活動スタッフ、保護者をはじめとするすべての子どもの身近にいる人々のためのガイドです。

目的　子どもに、

⑴　自分のことを大切に思う他人がいることに気づいてもらう。
⑵　信頼できる大人に相談することの大切さをわかってもらう。無力感を減少させ、人の力を借りれば困難な問題を解決することは可能だと思えるように働きかける。
⑶　虐待による心の傷の応急手当をすることで、心の後遺症への自己回復力を促進する。
⑷　再び虐待を受けたときはどうしたらよいかをともに考える。
⑸　虐待を再び受けないようにするために、他の大人にもう一度話す必要性があることを伝える。

このガイドは虐待に限らず、あらゆる問題解決の基本的なステップに基づいています。

⑴　何が問題なのかを確認する。
⑵　状況を変えるために今まで何がなされたか。
⑶　支援してくれる人は誰か。解決のための外的な資源(リソース)は何か。
⑷　選択肢をブレインストームする。考えられる選択肢をすべてあげる。
⑸　選択肢の中のどれが実際に使えるか考える。

(6)　選んだ方法でロールプレイをして練習する。
(7)　ロールプレイしたことを実際にできるだろうか、どんな条件でならできるだろうかと考える。もしできそうにないと思ったら、別の方法を考える。

次のステップ1から9をすべて実行するのがむずかしく思える人は、次に述べるステップ1をするだけで構いません。「1　心の手当てをする」の項で述べた「聴く」に徹することです。そのときの聴き方は、事実を尋ねるのではなく、上の空で聞くのではなく、相手のさまざまに揺れ動く気持ちを共感しつつ聴くことです。あなたの耳と心をもって相手の「十四もの心」=ときには相対立するさまざまな気持ちを聴くことです。

■話を聴く前に

＊子どもが気がねなく話せる場所をえらびます。
＊なるべく子どもとあなたの目の高さがおなじぐらいになるように座ります。一〇代の子どもの場合は、向き合って座るより、子どもがあなたとのアイコンタクトをしなくてもすむよう横並びに座ったり、立ったままのほうが話しやすい子もいます。
＊終始冷静に話を聞きます。たとえ子どもがひどい仕打ちをされたことを語ったとしても、驚いたり、いきりたつような様子を示してはいけません。特に当人の行動を批判したり、加害者への非難は禁句です。あなたが感情的に反応すると、子どもは口を閉じてしまった

り、自分を責めたりしてしまいます。

次の順番で話を聴きます。

◆ステップ１　子どもの感情、気持ちに共感的に聴く。気持ちを認める（validation）

早い段階で「よく話してくれたね」とか「話してくれてありがとう」とはっきりと子どもに言います。被虐待児の多くはこんなこと話したら怒られるかもしれない、迷惑がられるかもしれないと思っています。

子どもの話を分析したり、査定したり、あなたの意見を言ったりすると、子どもは自分の気持ちを話せなくなってしまいます。子どもの気持ちを語らせて、「そうか。そう思っているんだ」「それはつらいね」「それはこわかったね」と声をかけながら受けとめ、ただ聴いてあげるだけです。共感的に聴くことは同感することでも、同情することでもないので気をつけてください。「そう、そう、先生もそう思うよ」「まったくひどいことをする親だね」といった同感の言葉や、「かわいそうにね」といった同情の言葉は口にしません。

そう感じてもいいんだよと、認めてあげることが大切です。たとえば、「父から殴られると、すごく怖いけど、やっぱりわたしが悪いから……」→「殴られると、そりゃ怖いよね。そして自分が悪いと思っているんだ」と反復して、同感でも同情でもなく共感を伝えます。

＊「あなたを信じるよ」とはっきりと子どもに伝えてください。被虐待児は誰にも信じてもらえないと思っています。たとえ子どもの話の事実関係に矛盾があったり、嘘をついている部分があると思われることがあったとしても、「信じる」ということは伝えてください。今あ

なたが話を聴く目的は虐待の有無を判断することではありません。事実関係がどうであったかは後でその役割の人にまかせます。あなたの役割は、虐待かあるいは何か他の危機のサインを発している子どもの心の安心と身体の安全のためにとりあえずできることをし、その後のケアの役割の人々につなげることです。

＊「あなたが悪いのではない」とはっきりと伝えてください。虐待を受けた子どもは自分が悪かったのだと思い込んでいます。この一言を聞いただけで固く閉じた心を一気に開く子が多いのです。泣き出す子もいます。泣くことは心の癒やしの第一歩です。子どもが泣き出したら、「泣かなくてもいいのよ」などといってなだめたり、かわいそうに思ったりしないで、ただ温かく見守って思う存分に泣かせてあげます。

あくまでも自分が悪い、自分のせいだと言う子どもには、「親に口答えしたあなたが悪かったと思っているんだね。でもだからといって、殴ったり、蹴ったりされてもいい子どもはどこにもいないよ」などと返します。

「ぼく悪い子なんだ」と言う子どもに「きみは悪い子じゃないよ」と言っても、その子の自己認識は変わりません。「ふーん、悪い子だと思っているんだ」と反復共感的に聴きます。「窓ガラス三枚も割るほど辛い気持ちだったのかな」と怒りの仮面の裏側の気持ちに気づかせることもよいかもしれません(41ページ参照)。

＊「今まで気がつけないでごめんね」という親や教師など身近な大人からの言葉かけも、良い効果をもたらします。

◆ステップ2　当面の身の安全を査定する目的で、子どもの直面している状況を把握する（safety assessment）

この後、子どもが同じ人から再び虐待される可能性の有無がわかるだけでよいので、誰が、いつ、どこで、何を、どんなふうにしたかがわかる最小限の質問をするだけです。必要以上に聴きません、起きたことを子どもに何度も言わせないように注意します。

◆ステップ3　児童福祉機関又は警察への通告が必要かどうかを査定する（reporting assessment）

通告が必要な場合は子どもにそのことを伝えます。子どもが不要な心配をいだかないように、怖くならないように配慮した話し方をします。→「あなたがもうやけどをさせられたりしないように守ってくれる人たちに知らせないとならないよ」「あなたにけがをさせているお母さんの相談にのってくれる人に話そう」など。

子どもから通告しないでと言われたときは、時間をかけて子どもを説得します。

学校、保育所、その他の子どもにかかわる団体は、子どもから直接話を聴いた職員が、一人で抱え込まないように、虐待の疑いがあったときに組織としてどう対応するかの体制を作っておく必要があります。たとえば、虐待対応委員を複数決めておく、通告責任者を定めておくなどです。その際、通告することで子どもがさらに虐待を受けることになったり、監禁、遁走《とんそう》につながらないように充分な配慮をします。親からの虐待が疑われるケースの場合は、学校や保育所が、直接親へ連絡しないことが原則です。親への対応は通告先に任せます。

◆ステップ4　子どもの周りでサポートしてくれる人は誰か聴く（outer resource）

↓「今までこのことを誰かに相談した？　その人はなんて言った？」
↓「誰かほかに相談できる人がいる？」
↓「先生は？　どの先生だったら話せるかな？　おばあちゃんは？」

◆ステップ5　問題を解決しようとして，今まで子どもが試みたことを聴く（inner resource）

↓「もう誰かにこのこと言った？」
↓「その部屋からすぐに逃げ出したのね」
↓「やめてって言ったけれど，だめだったんだね」
↓「おとうさんがおかあさんを殴るから怖いって言ったら，おばあちゃんは何だって？」
↓「先生のセクハラを，養護の先生に相談したんだ」

虐待を受けてきた子どもの多くは状況を変えることはできないと思いこんでいます。自分は何もできないという無力感に支配されています。でも，小さなことでもいろいろ状況を変えようとして試みてきた自分の力を気づかせます。

↓「逃げたり，止めてって言ったり，いろんなことをやってきたんだね」「怖かったのに勇気だしたんだね」

◆ステップ6　状況を変えるために，再び虐待されないためにできそうなことをすべて子どもといっしょに考える（brainstorm）

↓「ほかに君ができることを考えよう。お母さんに言ってもとりあってくれないんだったら，お父さんはどうなの？」

↓「今度お父さんの暴力が始まったとき、どこか近くに逃げるところはある？　親戚の人は？」

◆ステップ7　ステップ6で考えたことのうち、何を実行できるか子どもと話し合う(option)

虐待をストップすることは可能で、もう二度と同じことをされなくてもいいのだという希望を持たせます。

◆ステップ8　できるかなと子どもが思ったことを、ロールプレイで練習してみる(roleplay)

どうしたらよいかの具体的方法は虐待のタイプや状況によってさまざまなので、ケーススタディをして学ぶ必要があります。ここで限られた紙面を使って説明することは不可能ですが、一例を挙げるならたとえばこんなふうです。

「叔父さんがまた夜中に部屋に入ってきたら、どうしようか。前みたいにただじっとして、からだに触られるのを我慢する？　大きな声で「やめて」といったらどうだろう。叔父さんびっくりして逃げていってしまうかも知れないよ。あるいは、あなたが部屋から飛び出したらどうだろう。練習してみようか。わたしが叔父さんになるから、なんて言う？」

「お母さんに話して逆に怒られてしまったのなら、他に誰か話せる人はいない？」と、対処方法の中には必ず誰か身近な大人に相談することをふくめて教えます。一度話して取り合ってもらえなかったら、信じてくれる人に出会うまで話し続ける、それはたいへんに勇気がいることだけれど、虐待を止めるには一番効果があることを伝えます。

↓「先生に相談したいんだね。どうしたら話しやすいか、練習してみようか。わたしが先生になるから、あなたが今相談しようと思って、先生のところに来たところ。何て言う？」

話を切り出す場面だけを想定して練習させます。

↓「おばあちゃんにならら相談できるんだ。それじゃ、おばあちゃんにどう話すか練習してみようか。ぼくがおばあちゃんになるからね。ここはおばあちゃんの部屋。何時ごろが一番話しやすい時間かな？　きみは戸を開けて部屋に入ったところ。さあなんて言おうか」

ロールプレイは、長くしません。子どもが「言えた。おばあちゃんに言うのって、そんなに怖いことでもないのかな」と思えればよいのです。

ロールプレイをして練習することで、子どもは自分もできるかもしれないとの自信を持つことができます。何か言いたいのに何と言えばよいかわからず、相手の言うなりになってしまう子は少なくありません。言葉を提供し、実際に口に出して言ってみることで子どもたちは恐れやとまどいを減らして、自分を守る行動をとりやすくなります。

◆ステップ9　虐待を疑った場合は、児童相談所、福祉事務所などに通告する（reporting）

通告とは、「虐待を受けているかもしれないと思う子どもがいるので、心配なので行って調べてみてください」と行政機関にお願いすることです。通告に必要なことは「虐待の疑い」だけで、「虐待の証拠」はいりません。

通告を受けた児童相談所は家庭や学校にケースワーカーを派遣し、子どもから話を聞くと同時に、虐待したと思われる加害者への面接、その他関係者からの事情聴取を行って、虐待が起きているかどうかの判断をします。その結果、子どもを家に帰すとまた虐待されると判断した場合は子どもを一時保護します。その間に子どもが家庭で虐待されることがない条件が整った場合は、子どもは家庭に戻されます。しかし再び虐待が起こると予測できる場合は、子どもは児童養護施設や里親のもとで生活することになります。この際、親が子どもを施設や里親に預けることを拒否した場合で、子どもの身の安全が親元では保障できない場合、裁判所が親に子どもを施設などに預けるよう命令する審判を、児童相談所の所長が申し立てることができます。

通告先の行政機関が対応してくれない場合は、地域の児童虐待防止ネットワークや子どもの人権擁護やオンブズマンの市民団体に相談するなど、使える資源をすべて使って、行政機関の介入を求めます。

◆ステップ10　子どもとその保護者に、地域の相談先、治療先、その他の虐待防止の援助を提供する場所の連絡先が載っているパンフレットを渡す（community resource）

してはいけないこと

＊できない約束を子どもにしてはいけません

子どもが「これ、誰にも言わないで」と言ってきたら、通告が必要か否かがわからないうちに「うん、絶対誰にも言わないよ」と約束してはいけません。

「誰にも言わないですむことはもちろん言わないよ。でも言わないとあなたがまた暴力を受けて怖い思いをするのかもしれないのだとしたら、助けてくれる人たちには相談しないといけないんだ」と誰にも言わないとの約束はできないことを伝えなければいけません。それゆえに子どもが口をつぐんでしまっても，子どもに嘘をつくよりはましです。「でも助けてくれる人以外には言わないよ」と約束することはできます。

子どもの虐待とは子どもの大人に対する信頼の裏切りです。被虐待児はすでに大人から何度も裏切られてきました。あなたにとって些細《ささい》と思える嘘も，被虐待児にとっては心の傷をいっそう深める大人の裏切り行為となります。できない約束はしないでください。

＊子どもを暗に責めるような質問はしません

↓「なぜそこへ行ったの？」
↓「なぜはっきりいやだって言わなかったの？」
↓「お父さんを怒らせるような悪いことを何かしたの？」

＊「どうして？」「なぜ？」で始まる質問はなるべく避けます

子どもは，自分が責められているように受け止めて，それ以上気持ちを語らなくなってしまいがちです。

↓「どうして帰りが遅くなったの？」
↓「なぜ口答えしたの？」

＊「はい」「いいえ」で答えられる質問はなるべく避けます

子どもの言葉を誘導したと批判されることがない質問の仕方をしなければなりません。

↓「おじさんに触られて怖かった」と子どもが言ったことに対して「おじさんはあなたの胸に触ったの？」と聞くのではなく「おじさんはどこを触ったの？」と聞きます。

＊虐待の状況を詳しく聞きません。何度も聞きません

虐待を受けた子どもは、最初に打ち明けた後も、通告、介入のプロセスの中で何度も身に起こったことを話さなければなりません。そのたびに心理的苦痛を経験します。その負担を少しでも軽くするために、「虐待の疑い」があることを裏付ける情報があれば充分です。

この時点での必要以上の情報収集は、ケースが裁判に持ち込まれた場合、子どもに「虐待を受けたというありもしない考えを植えつけた」と嫌疑をかけられることにつながることもありえます。とりわけ性的虐待は、物的証拠や身体的傷痕がない場合がほとんどなので、裁判では、子どもの言葉を信じるか、加害を疑われている大人の側の言葉を信じるかの対決になります。子どもの言葉を誘導したといった弁論に対抗するためにも大切な留意点です。

以上のガイドラインを活用して虐待を受けた子どもの気持ちに寄り添う聴き方をしてください。ガイドラインがすぐに使えなかったら、ただ気持ちを聴くだけでもよいのです。

腹立ちも、悔しさも、怖さも、苛立ちも、最後までその気持ちを共感しつつ聴いてもらうだけで、おどろくほど治まっていきます。虐待を受けた子どもが最も必要としているのは、自分の気持ちを認めて大切にしてくれる大人、自分を温かく包み、守ってくれる大人の存在です。長期的な治療においても、身近な大人との愛着の形成、又は再形成が大きな治療効果を発揮するものとして、国際的な研究分野でも近年再び強調されるようになりました。

フロイトの同時代に子ども虐待の心的外傷に正面から取り組んだ稀有な精神分析家シャンドー

ル・フェレンツィは、七〇年以上も前にこう主張しています。

「一人でいることが」トラウマを形成する。「喜びと苦しみをわかちあい、伝えあうことのできるだれかが〈そこにいる〉ことが、心的外傷を癒す」（S・フェレンツィ著、森茂起訳『臨床日記』みすず書房より）。

虐待問題に専門的にかかわる立場にいる、いないにかかわらず、誰でもが、虐待を受けた子どもに出会った一人の隣人として、立ち止まり、そっと手を当てることはできるでしょう。その時子どもにそっぽを向かれたとしても、それは助けを必要としていないわけではないことを思い出してください。

「聴くこと」

それは誰でもができる心の手当てです。

それは大人が子どもにあげることのできる、最も素晴らしい贈り物です。

いちばん悲しいときは　気持ちがわかってもらえないとき
いちばんうれしいときは　気持ちが通じ合えたとき
いろんな気持ちがあるあなた　そのままのあなたで　いいんだよ
いろんな気持ちを大切にして　ぐんぐん大きくしあわせになる

（森田ゆり『気持ちの本』童話館出版より）

【増刷にあたっての追記】

MY TREE ペアレンツ・プログラム実践の今

一九九四年に岩波ブックレット『子どもの虐待』を出版したちょうどその頃から、ようやく日本でも児童虐待が社会問題と認識され始めました。それから一〇年後の二〇〇四年に、全面的に書き直しをして『新・子どもの虐待』を出しました。そしてさらに一〇年後の二〇一四年、そして九年後の今、二〇二三年に改訂増刷することになりました。約三〇年が経ったのです。この間、虐待対応のケースワーカーや現場の最前線で働く方々がこのブックレットを座右の書として役立てているとの手紙や報告を多数いただいてきました。

統計数値や法制度の改正などは新しい情報への差し替えが必要なものもありますが、内容に関してはこのままで少しも古くなっていません。そのため本文にはできる限り手を入れませんでした。ただ、本書で紹介した虐待する親の回復ケアプログラム「MY TREE ペアレンツ・プログラム」に関しては、二〇〇四年以降、積み重ねてきた実践が本書には書かれていないので、ここに追記します。

「MY TREE ペアレンツ・プログラム」は深刻な虐待的言動やネグレクトをしてしまう親の回復に効果を発揮するプログラムとして二〇〇一年に日本で開発されました。二〇二三年現在、全国の六つの児童相談所、四つの市町村行政、そのほか民間団体の主催で実施されています。

虐待をする親たちの多くは、少なくとも次の四つの問題に苦悩しています。

①低い自己肯定感。

②孤立感と疎外感。自分を受け入れてくれるところがどこにもない。こんなダメな親は自分だけだ。人間不信。社会不安。他者の視線、評価、世間体が過剰に気になる。

③心の余裕がないこと。

④感情の意識化、言語化に乏しく、攻撃的な言動になりやすいこと。

加えて次のような困難や課題をかかえています。

- 未解決な心の痛手、抑圧している感情(罪悪感・喪失感など)
- ゆがんだ子ども観やあやまったしつけ観
- ジェンダー・バイアス、性別役割意識へのとらわれ
- ドメスティック・バイオレンスの被害または加害
- うつ症状、PTSD、依存症などの精神的身体的不調
- 特別なニーズを必要とする子どもをもつ親としての負担

虐待をしてしまう親たちへの支援は、子育てスキルを教える養育支援ではありません。その人の全体性回復への支援です。虐待行動に悩む親たちは、今までの人生において他者から尊重されなかった痛みと深い悲しみを、怒りの形で子どもに爆発させているのです。MY TREE の参加者たちは、親である前に一人の人間として尊重される体験を得ることを、自

分を回復する礎としてきました。

MY TREE ペアレンツ・プログラムとは?

子どもの虐待とはこれまで人として尊重されなかった痛みや悲しみを怒りの形で子どもに爆発させている行動です。

MY TREE ペアレンツ・プログラムは、その感情、身体、理性、魂のすべてに働きかけて、木や太陽や風や雲からも生命力の源をもらうという人間本来のごく自然な感覚を取り戻します。さらに自分の苦しみに涙してくれる仲間がいるという、人とつながれることの喜びは、本来誰でもが内に持つ健康に生きる力を輝かせるのです。

筆者が開発したこのプログラムによって、修了生の多くが虐待行動をやめることに成功しています。

プログラムの目的

「セルフケア力」と「問題解決力」を回復することで、虐待行動の終止を目的とします。

対象者

身体的虐待、心理的虐待、ネグレクトをしている保護者を対象とします。休まずに参加できることが前提です。性別は問いませんが、グループは男女別で形成します。

参加費、保育費は無料です。

プログラムの構成

一〇人の親と三人のファシリテーター

毎週または隔週で一三回の会合

〈まなびのワーク〉と〈じぶんをトーク〉各一時間＋毎回のカリキュラムの終了後、フォローを必要とする人の話を個別に聴く、〈個別フォロータイム〉を三〇分ほどとっています。

一回二時間のうち、

①最初の一時間は〈まなびのワーク〉をします。レクチャーではなく、身体を動かして呼吸法を学んだり、木の絵を描いたり、様々な参加型の一三回のまなびのカリキュラムが用意されており、それをすることで、「気づき」と「まなび」をもたらします。

②次の一時間は、参加者が今自分の語りたいことを語る〈じぶんをトーク〉です。

語り方のルールの第一は、「自分に正直に語る」ことです。他にも、その場を誰にとっても安心な場にするための大切なルールがいくつかあり、毎回確認しあいます。

③毎回のカリキュラム終了後、ファシリテーターは三〇分から一時間、フォローを必要とする人に個人的に話を聴く〈個別フォロータイム〉の時間をとっています。

④また、このプログラムはコミュニティーの協力体制を活用して実施するように構成されています。緊急電話相談先や保育もプログラムの全体構成の欠かせない部分です。

プログラムの全体像

一本の木にたとえて言うことができます。

1 根は理論です。五つの根があります。

①エンパワメント

自分が本来持つ回復力や内的・外的資源に気がつき、活用していくプロセスをセルフエンパワメントと言います。グループでは、参加者が、自分の体験と人の語りの共通点を見出し、人の痛みに共感し、自分の痛みに涙してくれる人と出会うことで、孤立感は連帯感にとって変わられます。これはグループエンパワメントの力です。

②ホーリスティック

参加者を、親とか、妻とか、嫁とかの、分断されたアイデンティティとして見るのではなく、人間の全体性に訴える、ホーリスティックなプログラムであることが特徴です。子育てのスキルを教えるだけでなく、知性・感情・身体・感覚・魂は不可分にむすびついており、回復はそのすべての相互作用が必要と考える全体性を重視します。

③コミュニティー

このプログラムは地域の関係機関のネットワークをフルに活用した協力体制なしには実施できないプログラムです。

④ジェンダーの視点

ジェンダー社会の中にある構造的な力関係が、暴力の発生に大いに関係しているという視点を持っています。

MY TREEでは、夫婦関係・嫁しゅうとめ関係・DV・性暴力について語れる場を、保障しています。

⑤多様性

多様性とは、人は皆その価値において等しく尊いという、人権の概念を核にして、さらに、人は皆違うからこそ尊いとの認識に立つ考え方です。MY TREEは、参加者の多様性を尊重することで、多様性の学びを促進します。

2 幹は、きっちり教材化された一三回の参加型学習のセッションプランと事前面接、中間面接、終了時面接を持つ心理教育カリキュラムです。

3 次は葉です。根が吸い込んだ水が幹を通り、葉で水と二酸化炭素と光エネルギーで光合成が起こり、炭水化物と酸素に変わります。MY TREEでも、参加者とファシリテーターとスーパーヴァイザーの相互のダイナミクスによって参加者の変化が生み出されます。

4 最後は花と実です。これは変化の結果を表します。参加者の語りに対するファシリテーターの短くて適切なコメントや質問が触媒となって、気づきや変化をもたらすことが多いです。そのためにファシリテーターは、毎回その日のうちに、徹底した振り返りをし、スーパーヴィジョンも受けながら、コメント力を磨いていきます。

MY TREEペアレンツ・プログラム参加者の声

・怒りはいけない気持ちと思っていましたが、怒りは大事な気持ちでとても複雑な気持ちで、ひとつひとつを誰かに話せたとき、怒りの爆発はなくなったように思います。
・長いトンネルの中にいたのが、少し、出口の光が見えてきたような気持ちです。
・初めて、正直な気持ちを話す場を与えてもらいました。私の気持ちを口にして、子どもの気持ちを聴く。少しずつ子どもが気持ちを口にするようになった。
・子どもに手をあげることがほとんどなくなりました。
・ひきこもり状態でしたが、今では外出することもできるようになり、家事も少しずつできるようになっています。
・ずーっと親を憎んでいました。恨んだり、怒ったり、そんな真っ黒なパワーを、笑ったり、喜んだりと明るいパワーに変えることのできる力の使い方を得ました。
・生きていく力、過去からの解放。子どもとの関係を見直せた。
・人生の転機になった。子どもへの関わりはもちろんのこと、大人とのつきあい、自分の親、義親との関わりも変わっていくと思う。
・公的機関に不信感をもっていたけど、もう一度信じて良かった、と思えます。
・わたしの木はあれからも根をはりつづけています。相変わらず嵐のときはあるけれど、でもそれで折れてしまわず、しなることができるようになった自分がいます。

参加者への案内

「子育てにしんどさを感じている」「気がつけば子どもを叩いている」「子どもを無視してしまう」「このままではどうなってしまうのかとても不安」そんなあなたを大切にするプログラムです。少人数での語り合いを中心とした、支え合いのグループです。参加者の秘密は厳守されます。安心してご参加ください。お待ちしています。

まなびのワーク

〈開始前　個人面接〉
1回目　安心な出会いの場①：目的、約束事、瞑想、呼吸法
2回目　安心な出会いの場②：わたしの木、Iメッセージ
3回目　わたしのエンパワメント
4回目　怒りの仮面
5回目　怒りのコントロール法
6回目　体罰の六つの問題
〈中間　個人面接〉
7回目　気持ちを聴く
8回目　気持ちを語る
9回目　自己肯定感：否定的ひとりごとの掃除
10回目　自分をほめる、子どもをほめる
11回目　母親らしさ　父親らしさ
12回目　もっと楽なしつけの方法
13回目　MY TREEセレブレーション
〈終了時　個人面接〉

（二〇二三年六月記）

参考文献など

家庭裁判所調査官研修所『重大少年事件の実証的研究』司法協会

厚生労働省

「児童虐待死亡事例の検証と今後の虐待防止対策について」二〇〇四年二月二七日

『児童福祉法の一部を改正する法律案参考資料』二〇〇四年二月一〇日

石川義之編著『親・教師による体罰の実態』(島根大学、一九九八年)

子どもの虐待防止ネットワーク・あいち編集『防げなかった死』(CAPNA出版、一九九八、二〇〇〇年)

(財)日本性教育協会編「若者の性白書――第5回・青少年の性行動全国調査報告」(小学館、二〇〇一年)

Sattler, J. M., *Clinical and Forensic Interviewing of Children and Families*, Jerome M. Sattler Publisher, Inc. 1998

Johnson, T. C., "Potential Pitfalls For Interventions With Children With Sexual Behavior Problems" (paper presented to 16th Annual Child Abuse & Domestic Violence Conference, August 2003)

＊エンパワメント・センター　http://www.9.zaq.jp/empowerment_center/

森田ゆりによる研修セミナー

［対象］ 企業、行政、学校、民間、個人

［テーマ］ 人権、ダイバーシティ研修、多様性トレーナー養成、ファシリテーター養成、気持ちのワークショップ実践者養成、アサーティブネス研修、アロハ・ヒーリング・ヨガとエンパワメント、マインドフルネスと共感力セミナー、子どもの虐待ドメスティック・バイオレンス当事者への支援スキル、体罰とそれに代わる方法

＊一般社団法人 MY TREE　http://www.geocities.jp/mytree1206/

子どもへの暴言・暴力・ネグレクトをやめたい親への回復支援プログラム

＊JAPAN CAPトレーニングセンター(J-CAPTA)　http://j-capta.org/jcapta/index.html

さらに詳しく学びたい方は、左記の森田ゆりの著書を続けて読んでください。

＊子どもの虐待問題全般

『子どもと暴力——子どもたちと語るために』（岩波書店、一九九九年）
『しつけと体罰——子どもの内なるちからを育てる道すじ』（童話館出版、二〇〇三年）
『体罰と戦争』（かもがわ出版、二〇一九年）
『虐待・親にもケアを』（築地書館、二〇一八年）

＊性的虐待

『トラウマと共に生きる——性暴力サバイバーと夫たち＋回復の最前線』（築地書館、二〇二一年）
『子どもへの性的虐待』（岩波新書、二〇〇八年）
『沈黙をやぶって』（築地書館、一九九二年）
『癒しのエンパワメント——性虐待からの回復ガイド』（築地書館、二〇〇二年）
『MY TREEジュニアプログラム・性暴力被害と加害の子どもの回復ワークブック』（エンパワメント・センター、二〇一七年）

＊DV／ジェンダー

『ドメスティック・バイオレンス——愛が暴力に変わるとき』（小学館、二〇〇一年）

＊エンパワメント／人権

『多様性ファシリテーション・ガイド——人権啓発参加型研修の理論と実践』（解放出版社、二〇二〇年）
『エンパワメントと人権——心の力のみなもとへ』（解放出版社、一九九八年）

＊子ども向けの絵本

『あなたが守るあなたの心・あなたのからだ』（童話館出版、一九九七年）
『気持ちの本』（童話館出版、二〇〇三年）

「岩波ブックレット」刊行のことば

今日、われわれをとりまく状況は急激な変化を重ね、しかも時代の潮流は決して良い方向にむかおうとはしていません。今世紀を生き抜いてきた中・高年の人々にとって、次の時代をになう若い人々にとって、また、これから生まれてくる子どもたちにとって、現代社会の基本的問題は、日常の生活と深くかかわり、同時に、人類が生存する地球社会そのものの命運を決定しかねない要因をはらんでいます。

十五世紀中葉に発明された近代印刷術は、それ以後の歴史を通じて「活字」が持つ力を最大限に発揮してきました。人々は「活字」によって文化を共有し、とりわけ変革期にあっては、「活字」は一つの社会的力となって、情報を伝達し、人々の主張を社会共通のものとし、各時代の思想形成に大きな役割を果してきました。

現在、われわれは多種多様な情報を享受しています。しかし、それにもかかわらず、文明の危機的様相は深まり、「活字」が歴史的に果してきた本来の機能もまた衰弱しています。今、われわれは「出版」を業とする立場に立って、今日の課題に対処し、「活字」が持つ力の原点にたちかえって、この小冊子のシリーズ「岩波ブックレット」を刊行します。

長期化した経済不況と市民生活、教育の場の荒廃と理念の喪失、核兵器の異常な発達の前に人類が迫られている新たな選択、文明の進展にともなって見なおされるべき自然と人間の関係、積極的な未来への展望等々、現代人が当面する課題は数多く存在します。正確な情報とその分析、明確な主張を端的に伝え、解決のための見通しを読者と共に持ち、歴史の正しい方向づけをはかることを、このシリーズは基本の目的とします。

読者の皆様が、市民として、学生として、またグループで、この小冊子を活用されるように、願ってやみません。

（一九八二年四月　創刊にあたって）

森田ゆり（もりた・ゆり）

一九八一年より米国で子どもと女性への暴力防止の専門職養成に携わる。その後カリフォルニア大学主任アナリストとして、多様性、人権問題の研修プログラムの開発・指導に八年間就く。同時に先住民の運動支援、非暴力トレーニングの実践を続ける。九七年に日本でエンパワメント・センターを設立、虐待、DV、人権に携わる専門職研修活動に専念する。虐待する親の回復「MY TREE ペアレンツ・プログラム」を開発し広めている。『聖なる魂』で朝日ジャーナルノンフィクション大賞、『あなたが守るあなたの心・あなたのからだ』で産経児童文化賞受賞。